LA COCINA FAMILIAR EN EL ESTADO DE

BAJA CALIFORNIA

LA COCINA FAMILIAR EN EL ESTADO DE

BAJA CALIFORNIA

◀▲CONACULTA OCEANO

LA COCINA FAMILIAR
EN EL ESTADO DE BAJA CALIFORNIA

Primera edición: 1988
Banco Nacional de Crédito Rural, S.N.C.
Realizada con la colaboración del Voluntariado Nacional
y de las Promotoras Voluntarias del Banco Nacional de
Crédito Rural, S.N.C.

Segunda edición: 2001
Editorial Océano de México, S.A. de C.V.

Producción:
Editorial Océano de México, S.A. de C.V.

© Consejo Nacional para la Cultura y las Artes

D.R. ©
Editorial Océano de México, S.A. de C.V.
Eugenio Sue 59
Col. Chapultepec Polanco, C.P. 11500
México, D.F.

ISBN
Océano: 970-651-445-7
              970-651-450-3 (Obra completa)
CONACULTA: 970-18-5547-7
              970-18-5544-2 (Obra completa)

Impreso y hecho en México.

LA COCINA FAMILIAR EN EL ESTADO DE

Baja California

PRESENTACIÓN 9

INTRODUCCIÓN 11

RECETAS

I. ANTOJITOS Y ENSALADAS 15
Tamales Güemez 16
Tamales de atún
Tacos de pescado al estilo de Ensenada 17
Quesadillas campesinas
Chilaquiles de rancho
Pastel azteca 18
Frijoles fronterizos
Chicharrón con nopales
Dip de camarón 19
Botanitas de cebolla
Ensalada de "locos"
Ensalada de calabacitas 20
Ensalada de ejotes, chiles poblanos y coliflor
Ensalada de Nochebuena
Cornucopia de ensalada 21

II. CALDOS, ARROCES Y VERDURAS 23
Caldo de pescado 24
Sopa de almejas
Sopa de bolitas de masa
Caldo de queso 25
Sopa gratinada de cebolla
Crema de arroz con elote
Sopa de hongos 26
Caldo con tépari
Arroz almendrado

Arroz con champiñones 27
Hongos rellenos
Colecitas de Bruselas estofadas
Croquetas de zanahoria 28
Espinacas con garbanzos
Nopalitos compuestos
Rajas de chile con queso 30

III. MARISCOS Y PESCADOS 31
Almejas a la mexicana 32
Coctel marino
Camarones en salsa de jitomate 33
Camarones adobados
Pepinos rellenos de camarones
Ensalada de langosta 34
Machaca de atún
Pastel de vigilia
Rollo de papa y atún 35
Frituras de atún a la diabla
Pescado en escabeche 36
Pescado en tomate
Pescado picoso
Filetes de pescado en salsa de champiñones 37
Filetes regios de lenguado

IV. AVES Y CARNES 39
Pollo favorito 40
Pechugas con crema
Carne moldeada
Conejo con ciruelas 41
Asado de conejo
Carne de puerco con verdolagas

Costillas de puerco con piña — 42
Cochinita pibil al estilo californiano
Chamorros con chile colorado — 43
Albóndigas con chicharrón
Carne de puerco borracha
Cazuela — 44
Costillas en barbacoa
Filete a la mexicana
Lomo relleno — 45

V.   PANES, PASTELES Y DULCES — 47
Galletas de avellana — 48
Galletas de pinole
Pan blanco o bolillo
Pan de zanahoria — 49
Pan de nieve
Tortillas de agua

Las conchas — 50
Polvorones de naranja
Mermelada de jitomate
Pastel de calabaza — 51
Pastel borracho con crema y duraznos
Pastel de fresas — 52
Pastel de dátil
Dulce de leche
Budín de camote — 53
Tamales de piña

DE COCINA Y ALGO MÁS

Festividades — 54
Nutrimentos y calorías — 56
Equivalencias — 57
Glosario — 58

Presentación

La Comida Familiar Mexicana fue un proyecto de 32 volúmenes que se gestó en la Unidad de Promoción Voluntaria del Banco de Crédito Rural entre 1985 y 1988. Sería imposible mencionar o agradecer aquí a todas las mujeres y hombres del país que contribuyeron con este programa, pero es necesario recordar por lo menos a dos: Patricia Buentello de Gamas y Guadalupe Pérez San Vicente. Esta última escribió en particular el volumen sobre la Ciudad de México como un ensayo teórico sobre la cocina mexicana. Los textos históricos y culinarios, que no las recetas recibidas, varias de ellas firmadas, fueron elaborados por un equipo profesional especialmente contratado para ello y que encabezó Roberto Suárez Argüello.

Posteriormente, hace ya más de seis años, BANRURAL traspasó los derechos de esta obra a favor de CONACULTA con el objeto de poder comercializar el remanente de libros de la primera edición, así como para que se hicieran nuevas ediciones de la misma. Esta ocasión llega ahora al unir esfuerzos CONACULTA con Editorial Océano. El proyecto actual está dirigido tanto a dotar a las bibliotecas públicas de este valioso material, como a su amplia comercialización a un costo accesible. Para ello se ha diseñado una nueva edición que por su carácter sobrio y sencillo ha debido prescindir de algunos anexos de la original, como el del calendario de los principales cultivos del campo mexicano. Se trata, sin duda, de un patrimonio cultural de generaciones que hoy entregamos a la presente al iniciarse el nuevo milenio.

Los Editores

Bañada por dos mares, el de Cortés y el Pacífico, la porción norte de la península de Baja California, es decir, el Estado de Baja California, se extiende por casi 70,000 kilómetros de tierras de diversos climas; sus sierras lo dividen en tres grandes regiones, una desértica de clima mediterráneo, otra formada por valles de suelos negros y bosques aislados de pinos, y una última estrecha y árida.

Los primeros pobladores de esta franja situada entre el paralelo 28 y la frontera con los Estados Unidos de Norteamérica se establecieron hace aproximadamente 12,000 años, como constatan restos de conchas y elementos orgánicos. Arribaron en grupos pequeños y se dedicaron a satisfacer sus necesidades primarias por medio de la caza, la pesca y la recolección. De los animales aprovechaban todo: las pieles como vestido, calzado, mantas y morrales; la carne para alimentarse; los huesos para manufacturar armas y utensilios rudimentarios. La pesca se efectuaba con lanzas y, más tarde, con redes primitivas fabricadas con fibras de maguey. La recolección incluía semillas, bayas, frutas, raíces y una pequeña variedad de hierbas, dado que la zona es de escasa vegetación.

Estos cochimíes –"hombres del norte"– se dividieron en varias ramas, de las que sobresalieron los cucapás, habitantes de la ribera del río colorado, la zona fértil de la entidad. Algunas piezas de piedra, madera, hueso y cestería constituyen los vestigios de estas culturas, pero quizá destacan las pinturas rupestres de San Borjita, cerca de Tecate. Por ello se sabe que conocían el uso del fuego y el trabajo de distintos materiales, que sus armas fueron el arpón, las porras y el átlatl, antecedente del arco. Su religión se basó en ceremonias que reverenciaban el nacimiento y la muerte, dirigidas por las "guamas" o hechiceros que regían la vida de las comunidades.

Fueron varias las expediciones de los conquistadores españoles por esas tierras; la primera fue enviada por Cortés y encabezada por Francisco de Ulloa en 1539. La población indígena rechazó furiosamente las incursiones y sólo empezó a ceder con el arribo de los primeros misioneros jesuitas, en el siglo XVII, y posteriormente de los franciscanos, en particular fray Junípero Serra, quien fundó las misiones de San Fernando Velicatá y la de San Diego, bajo cuya jurisdicción quedó toda el área.

Con la evangelización se importaron cerdos, vacas, cabras, toros, bueyes y ganado caballar, que junto con algunas especias, verduras verdes y amarillas, contribuyeron al enriquecimiento de la alimentación local y a una notable baja en la mortandad. Entre los productos agrícolas llevados a la región destacaron la vid y el olivo, cuya cosecha y procesamiento son motivo de orgullo, hasta la fecha, para los bajacalifornianos.

La lejanía de la zona y sus extremosos climas obligó a construir las misiones y conventos concediendo especial importancia a cocinas, despensas y cavas. El almacenamiento de alimentos fue preocupación primordial, pues no había certeza alguna de cuántas y cuándo llegarían las provisiones del continente. Así, aislados del resto del país, evangelizadores e indígenas intercambiaban y fundían tradiciones culinarias; manos laboriosas aplicaron antiguas recetas de conservas de carne, frutas, legumbres y vegetales y, al tiempo que los frailes enseñaban y aprendían de los nativos, las convirtieron en herencia común.

Los dones del mar recibieron diversos tratamientos: desecados, salados, ahumados para guardarse; asados, fritos, hervidos para consumirse al momento. Langostas, atunes, ostiones, camarones, pulpos y almejas conocieron el arroz, la cebolla, el pimiento rojo y verde, el azafrán, y se convirtieron en paellas o elaborados arroces. Los langostinos fueron sofritos en mantequilla, los pescados con ajo picado; supieron compartir la soledad del platón con frescas ensaladas verdes. Hubo experimentos culinarios dignos de paladares reales, como la mezcla de especies marinas con vinos verdes, cuyas recetas fueron exportadas a Europa, al lado de muestras de frutos y semillas nacionales.

Al iniciarse en la Nueva España el movimiento independentista, la región se encontraba escasamente poblada, a causa sobre todo de las epidemias que diezmaban a la población indígena. Fueron estas enfermedades las que también trajeron la decadencia de las misiones y su ulterior secularización, ya durante el siglo xix.

El movimiento de liberación pasó casi desapercibido en la zona; la lejanía y la deficiencia de las comunicaciones con el resto del país lo explican. Sin embargo, es importante consignar que el 20 de abril de 1822 el coronel Vicente Sola y algunos habitantes civiles reconocieron el gobierno de Agustín de Iturbide y juraron la Independencia de México, en el puerto de San Diego.

Durante el México independiente, Baja California comenzó a poblarse gracias a las diversas concesiones de tierra que se otorgaron para estimular la colonización; sin embargo, pronto se vio el peligro que esto encerraba para la integridad del territorio nacional, ante el evidente expansionismo norteamericano.

En 1846, los Estados Unidos declararon la guerra a México y el área cayó en su poder. Fue devuelta a la firma del Tratado de Guadalupe Hidalgo en 1848. Se trazó entonces una línea imaginaria que dividió los territorios de la Alta y la Baja California; pese a ello, las concesiones otorgadas continuaron en vigor.

Ya en el período porfirista (1888) se constituyeron los distritos Sur y Norte de Baja California, el primero con capital en La Paz y el segundo en Real del Castillo, a la vez que se inició el auge agrícola del Valle de Mexicali y las explotaciones mineras dirigidas por compañías inglesas.

Las comunicaciones con el vecino país tuvieron oportunidad de ampliarse con relativa celeridad como respuesta a las múltiples relaciones comerciales y laborales que se fueron estableciendo. El desarrollo comenzó a hacerse patente en la zona; en 1902 se iniciaron las obras para regar el Valle de Mexicali, y en 1907 se terminó la construcción del Ferrocarril Intercalifornia que unió la zona fronteriza norteamericana con Mexicali, Tecate y Tijuana. Durante esos años nacieron también algunas grandes compañías dedicadas a la explotación de tierras, como la Imperial Land o la California Development.

Al estallar en México el movimiento revolucionario de 1910, su repercusión parecía nula en la Baja California. Pero algunos grupos políticos y financieros norteamericanos aprovecharon la coyuntura para apoderarse de la península. De manera coincidente, Ricardo Flores Magón pidió a sus partidarios que se insurreccionaran al margen de los maderistas. Estas acciones, independientes al principio y unidas más tarde, crearon graves confusiones, pues llegaron a identificar los designios anexionistas de algunos estadounidenses con el objetivo magonista de crear una utópica república de trabajadores.

Se inició luego un tibio desarrollo urbano en el área; se crearon después los municipios de Tecate y Tijuana, el rastro y la Compañía Eléctrica Fronteriza. El México posrevolucionario sólo se empezó a estabilizar con el transcurrir del tiempo; lo mismo sucedió en la región. Hubo de pasar un par de décadas para que, en 1931, se le declarara Territorio Norte de Baja California. En 1952, la Constitución Política de los Estados Unidos Mexicanos otorgó a la entidad el rango de Estado Libre y Soberano de la Federación.

La cercanía con los Estados Unidos trajo consigo una serie de situaciones peculiares que afectaron directamente el desarrollo e imagen de las ciudades fronterizas. Así al votarse a favor de la ley seca en la nación vecina, se favoreció un auge muy particular de esas poblaciones mexicanas, urbes en las cuales los "turistas" podían beber lo que les viniera en gana y comer opíparamente. Se dio, pues, un nuevo encuentro gastronómico en tales lugares –que, dicho sea de paso, apenas habían sido alcanzados por el afrancesamiento del Imperio–, esta vez con el vecino del norte.

Los alimentos muy condimentados no fructificaron en el gusto del creciente mercado y la comida adquirió sabor "comercial" apropiado para los visitantes de paso, aunque cabe aclarar que, por fortuna, con notables y constantes excepciones. Conviene precisar, además, el hecho de que la riqueza culinaria de la zona, en cuanto a pescados y mariscos se refiere, originó platillos suculentos que han llegado a convivir tranquilamente con otros más tradicionales, tal es el caso de la machaca de pescado o de las albóndigas de langosta.

A pesar de que el presidente Díaz había autorizado el juego en el distrito desde 1907, fue a partir de 1920 cuando entró en un periodo de esplendor, asociado a la venta de bebidas alcohólicas y otras diversiones. En 1927 se creó en Mexicali la Compañía Mexicana de Agua Caliente, en los terrenos del rancho del mismo nombre, sitio donde se construyó un enorme conjunto turístico inaugurado con pompa por personalidades del mundo cinematográfico. Aquel hollywoodesco despliegue contaba con casino, salón de espectáculos, hotel, balneario, galgódromo y restaurante. En este último se gozaba de una cocina mexicana e internacional espléndida y caprichosa, igual al diseño de las instalaciones –ya desaparecidas actualmente–, que fluctuaban entre el "colonial mexicano" y el afrancesamiento, el "art deco" y la imitación morisca, el "colonial californiano" y la proyección contemporánea.

Baja California obtuvo el título de "territorio más visitado del mundo", especialmente durante la Segunda Guerra Mundial. Todo pareció combinarse para impulsarla turísticamente; junto a su ya internacional reputación como centro de diversión, y sitio de reunión para una soldadesca ociosa, se añadió la contratación de mano de obra mexicana para suplir a quienes marchaban al frente. Las ciudades fronterizas dieron albergue a braceros, tratantes sin escrúpulos, militares con licencia e inversionistas, al lado de artistas, prostitutas, hampones, desocupados y viciosos; cuantiosas fortunas se amasaron y corrieron por la zona durante esos años.

El "Long Bar", la cantina más grande del mundo, protagonista de varias docenas de películas del Oeste, con una barra de ciento setenta metros de longitud, atendía parroquianos las 24 horas del día. Fue en este sitio donde, por gusto y necesidad, se empezó a servir la "botana", hoy tradicional, consistente en una amplia variedad de pequeños platillos, todos ellos salados –a mayor sed, mayor ingestión de bebidas–, que se devoraba con avidez. De tales épocas proviene la expresión "barrer dinero", que no era sino la moneda fraccionaria norteamericana que los mozos recogían al limpiar los pisos de los lugares de jolgorio.

Hoy en día, un gran conjunto, público y privado, ha logrado diversificar el desarrollo del estado. Se puede apreciar una estructura más sólida y balanceada, tanto comercial como turística y en la atención de otros servicios; se descubren pronto los fraccionamientos formales; existe una industria maquiladora organizada, eficaz y productiva, que combina la mano de obra nacional y la tecnología externa.

El número de automóviles es, en proporción, el mayor de la república; el comercio de fin de semana y los horarios se han adaptado a las necesidades locales, y aunque Baja California no recibe la afluencia de visitantes de antaño, su movimiento es más sano; la entidad ha ganado en el establecimiento de fuentes laborales estables y ha adquirido vida propia, pese a sus fuertes ligas y a la innegable influencia del vecino del norte.

Así es hoy el Estado de Baja California, pujante y atractivo, con la singular etiqueta de su excepcional situación geográfica. Tierra de buenos vinos y, en consecuencia, de una variada y particular gastronomía; a ella concurren numerosas fuentes, ajenas y propias, nacionales y extranjeras, para ofrecer la posibilidad deliciosa de mil y un platillos y deleites culinarios, muchas veces insospechados.

El recetario de la cocina familiar bajacaliforniana conjunta una buena cantidad de propuestas; pese a ello, tales sugerencias representan sólo una selección de las muchas con las que cuenta esta entidad. El hecho parece indicar que la constante inmigración de la república que colonizó el territorio arraigó placenteramente en la península, con todo y sus hábitos culinarios y, a pesar de los orígenes diversos, fue creando una gastronomía peculiar, diversa, con elementos propios. Es frecuente descubrir en la comida estatal fuentes lejanas, más o menos claras, pero casi siempre aligeradas, matizadas, recreadas o ya renacidas como bajacalifornianas. Aun la influencia o la imposición de un mercado culinario extranjero –estadounidense u oriental– toma un gusto distinto, "sabe más", se aliña diferente.

Se integra el recetario en cinco secciones o apartados; cabe decir que, en ellos, son numerosas las recetas que ofrecen platillos cotidianos, de manufactura habitual más o menos sencilla, propios de los días comunes en el seno del hogar, pero que no son escasas las que proponen guisos excepcionales o panes festivos, es decir, los que revelan los afanes de la cocina familiar en las grandes ocasiones, en las fechas de celebración.

El primer apartado, **Antojitos y ensaladas,** da cuenta de algunas de las muchas apetencias que, llegadas del altiplano o del sureste, aprovechan sabiamente las posibilidades de la zona. No faltan, por supuesto, ni los tamales ni los tacos y frituras del maíz, junto a ciertas curiosidades y algunas verdes y, en verdad, notables ensaladas.

En **Caldos, arroces y verduras,** segunda sección o apartado, la cocina bajacaliforniana toma altos vuelos. Entre las apetitosas sopas marinas, los finos caldos, las preparaciones aguadas, y el despliegue hortícola de las recetas finales, se ilustran algunos arroces de excepción. La sección entera es apetitosa y sumamente aprovechable.

Mariscos y pescados, sección tercera, es breve muestra de las riquezas inmensas que aportan los mares de las Californias mexicanas. Muestra breve, si bien envidiable: almejas, calamares, camarones, langostas, pulpos, atunes, lenguados y otras especies. Pueden encontrarse aquí un coctel marino irrepetible, una machaca de atún única, unos filetes de lenguado inverosímiles, etcétera.

Aves y carnes, cuarto apartado, da fe —como, de hecho, sucede a lo largo de todo el recetario— de posibilidades insospechadas; sorprendentes y gratísimas. Hay un par de fórmulas para los volátiles, otras dos para el conejo y muchas más para la carne de cerdo y el ganado mayor. Las técnicas y los modos son variadísimos.

El apartado final, **Panes, pasteles y dulces,** es un goloso asunto. Los panes, los bizcochos, los pasteles son abundantes, curiosos, diversos; expresan un gusto definido por la buena repostería. Y así, desde las golosinas nativas a las francesas, orientales, norteamericanas, etc., se recorren dulcemente las páginas de la sección.

ANTOJITOS Y ENSALADAS

Bien recoge este primer apartado de la comida familiar en el Estado de Baja California, los diversos orígenes de su cocina –a lo largo y a lo ancho del territorio nacional– y las posibilidades de un mercado al que enriquece el vigoroso comercio fronterizo. La receta inicial responde al apellido de la autora: Güemez; se trata de un rico tamal de fiesta con un relleno de pollo y puerco; aceitunas, pasas, pepinillos, rebanadas de chile jalapeño y tocino.

Los productos del mar y los de importación son parte importante de la gastronomía local. No debe llamar la atención, por lo tanto, que se incluya la fórmula de unos tamales de atún –de lata y con abundante chile pasilla– y la de unos tacos de cazón, al estilo de Ensenada, lo que supone que el pescado debe ser marinado en brandy y adobado con mostaza y cerveza.

Como en toda la república, las frituras del maíz constituyen el eje central de los antojos. Son base, a continuación, de unas deliciosas quesadillas campesinas –preparadas con chile ancho y rellenas de flor de calabaza–, así como de unos chilaquiles de rancho –con un abundoso aliño de cebolla picadita, queso desmoronado y crema– y un pastel azteca, o sea un budín horneado de tortillas, carne molida, rajas de poblano, jitomate y queso. Los frijoles fronterizos –siguiente receta– más que conformar un platillo de verdura, son gran antojo y bastimento que se redondea con tocino, rajas de poblano, un poco de chorizo, jitomate picado y queso fresco. Luego se propone el deleite del chicharrón con nopales picados, en una salsa de tomates y chiles verdes, preparación que, ya sea sola o en tacos, es sobremanera apetitosa.

Dos entradas botaneras vienen de inmediato. La primera –bajo el apelativo de "dip"– es una salsa espesita de camarones y mayonesa para embadurnar gustosamente totopos, verduras, galletas y aún, según se señala, rellenar algún delicado "vol-au-vent". La segunda es la de unas botanitas de cebolla –ruedas o aritos fritos– siempre mejores si se hacen en casa que las de marca comercial.

Las recetas para ensalada que se presentan en las páginas inmediatas son variadas. Desde la de calabacitas frías con orégano, queso fresco, aceite y vinagre, hasta una lujosa ensalada para la Nochebuena con naranja, lima, jícama, plátano, caña, cacahuates, colación (confites), betabel y lechuga.

Entrambos extremos se ofrece una ensalada de "locos", con pasta de harina de trigo, apio, cebollitas de Cambray, chícharos, zanahorias, rodajas de huevo cocido, mayonesa preparada en casa; una ensalada de ejotes, chiles poblanos y coliflor, muy original, y una cornucopia de ensalada, también singular, con su barroca y abundante carga de papas, apio, cebolla, pepino y jamón con mayonesa.

No te hagas como la chía, que no era pero se hacía

Tamales Güemez

1 k masa de nixtamal
1/2 k cebollas
1/2 k jitomates grandes
1/4 k manteca de puerco
1/4 k lomo de puerco
1/4 k pollo (pierna o muslo)
1/4 k tocino
4 dientes de ajo
1 cucharada de polvo para hornear
1/2 taza de aceite de oliva
· aceitunas deshuesadas
· chiles jalapeños en vinagre
· especias
· hojas para tamales
· pasas
· pepinillos agrios
· pimienta
· vinagre
· sal, al gusto

❦ Un día antes de hacer los tamales, congelar la manteca de puerco; rebanar la cebolla (reservar un trozo) y ponerla en vinagre; hacer lo mismo con el jitomate. Guardarlos en el refrigerador, por separado.

❦ Lavar muy bien las hojas para tamal y dejarlas remojar.

❦ Comprar la masa el día que se van a hacer los tamales, para evitar que se hagan grumos.

❦ Cocer la carne de puerco y el pollo con dos dientes de ajo, un trozo de cebolla, pimienta y especias.

❦ Deshebrar la carne de puerco y de pollo; reservar el caldo colado.

❦ Cocer el jitomate, una cebolla, dos dientes de ajo y especias; licuar.

❦ Sazonar con sal, pimienta, caldo de chile jalapeño y un chorrito de vinagre; freír y dejar sazonar; agregar la carne y el pollo deshebrados.

Tamales

❦ Sacar la manteca del refrigerador y batir a punto de crema; agregar la masa poco a poco y luego el caldo frío.

❦ En media taza de caldo disolver el polvo para hornear; incorporarlo y agregar poco a poco el aceite de oliva; batir un rato más; dejar reposar una hora en el refrigerador.

❦ Untar las hojas con una capa delgada de masa; añadir una rebanada de jitomate y una de cebolla; aceitunas deshuesadas, pasas, pepinillos en rebanadas, chiles jalapeños en rajas, tocino, guisado de carne y de pollo; doblar el tamal, ponerle otra hoja y amarrarlo.

❦ Cocer los tamales a baño María, con agua de sal, durante una hora aproximadamente.

❦ Rinde 15 raciones

Receta de Blanca Güemez de la Vega

Tamales de atún

1 k masa
1/2 k manteca
6 chiles pasilla
3 dientes de ajo
3 jitomates frescos
2 chiles verdes
2 latas de atún
1 cebolla
1 cucharada de polvo para hornear
· hojas de maíz· orégano y pimienta
· sal, al gusto

❦ Cocer los chiles pasilla; licuarlos con ajo, orégano, sal y pimienta.

❦ Batir la masa con manteca, sal, polvo para hornear y chiles pasilla.

❦ Agregar el atún desmenuzado y los demás ingredientes bien picados.

❦ Amasar todo y poner una porción en cada hoja de maíz; amarrar.

❦ Cocer al vapor durante cuarenta minutos.

❦ Servir con frijoles puercos.

❦ Rinde 12 raciones

Receta de Irma Dupoux de Barreda

Tacos de pescado al estilo de Ensenada

1 k	filetes de pescado cazón
200 g	harina
20	tortillas de maíz
1	cerveza
1	cucharada de mostaza
1	pizca de orégano
1	taza de brandy
·	aceite o manteca
·	pimienta y sal, al gusto

❦ Marinar el pescado con brandy.

❦ Mezclar el resto de los ingredientes hasta formar una pasta ligera.

❦ Cortar el pescado en tiras no muy gruesas y sumergirlas en la pasta preparada.

❦ Freírlas en una sartén con bastante aceite caliente. Al tomar un color dorado, retirarlas.

❦ Servir en tacos con tortillas de maíz.

❦ Rinde 8 raciones

Receta de María de los Ángeles Meléndez de Gastélum

Quesadillas campesinas

250 g	masa de tortillas
3	cucharadas de harina
2	chiles anchos
2	chiles serranos verdes
1	cebolla
1	diente de ajo
1	jitomate
1	manojo de flores de calabaza
1	queso fresco
·	manteca
·	sal, al gusto

❦ Desvenar los chiles, quitarles las semillas, asarlos y molerlos en el metate, a que quede una pasta fina.

❦ Incorporar a la masa; añadir harina y sazonar con sal. Cocer las flores de calabaza a vapor con sal; escurrirlas.

❦ En una cazuela de barro freír con una cucharada de manteca el jitomate picado con cebolla y ajo.

❦ Agregar las flores, queso desmoronado y sal.

❦ Hacer tortillas delgadas; rellenarlas con el guiso de flores de calabaza y freírlas en manteca caliente.

❦ Rinde 6 raciones

Receta de Patricia Pérez Silva de Patiño

Chilaquiles de rancho

15	tortillas cortadas en cuadritos
125 g	manteca
100 g	queso añejo
3	chiles poblanos
1 1/2	cebollas
1	taza de puré de jitomate
1/4	litro de crema
3	chiles poblanos
·	sal y pimienta, al gusto

❦ Freír las tortillas en manteca caliente; retirar.

❦ En esa misma manteca freír jitomate molido con una cebolla. Agregar los chiles asados, desvenados y cortados en rajas; sazonar con sal y pimienta.

❦ Añadir los pedazos de tortilla.

❦ Al resecar, incorporar la cebolla restante picada, queso desmoronado y crema.

❦ Rinde 8 raciones

Receta de María Teresa Romero de Rosas

Pastel Azteca

1/2 k	jitomate licuado y frito
1/2 k	tortillas
1/4 k	carne molida
1/4 k	chile poblano en rajitas
100 g	mantequilla
100 g	queso rallado
1/2	vaso de leche con nata
·	manteca
·	mantequilla

❧ Pasar las tortillas por manteca caliente, una por una; acomodarlas en un molde refractario untado con mantequilla.

❧ Agregar una capa de carne molida frita con sal y pimienta; un poco de jitomate, rajas de chile, queso y unos cuadritos de mantequilla y así sucesivamente, hasta utilizar todos los ingredientes; añadir la leche con nata por encima.

❧ Meter al horno a gratinar.

❧ Rinde 6 raciones

Receta de María Teresa Cruz Corvera

Frijoles fronterizos

6	rebanadas de tocino
4	tazas de frijol cocido
2	chiles poblanos
2	chorizos desmenuzados
2	jitomates picados
1	trozo de queso fresco
·	sal, al gusto

❧ Asar, pelar, desvenar y picar los chiles.

❧ Dorar el tocino y retirarlo.

❧ Freír en esa misma grasa los chiles poblanos picados, los jitomates y los chorizos.

❧ Añadir los frijoles con caldo; revolver, sazonar y dejar espesar.

❧ Servir con queso espolvoreado y tocino frito.

❧ Rinde 8 raciones

Receta de María Teresa Romero de Rosas

Chicharrón con nopales

300 g	chicharrón
15	tomates verdes
6	nopales
2	dientes de ajo
1	pizca de bicarbonato
1	trozo de cebolla
·	aceite
·	chiles serrano
·	sal, al gusto

❧ Cocer los nopales cortados en cuadritos en una olla con agua, cebolla, un diente de ajo, una pizca de bicarbonato y sal.

❧ Cocer los tomates y chiles; licuarlos con el otro diente de ajo.

❧ Freír esta salsa hasta que sazone; agregar dos tazas de agua; añadir el chicharrón en trozos, los nopales cocidos y sal; hervir unos minutos.

❧ Rinde 6 raciones

Receta de María Teresa Romero de Rosas

Dip de camarón

1/2 k	camarones cocidos y molidos
3/4	taza de mayonesa
1/4	taza de apio picado finamente
2	cucharadas de jugo de limón
1	cucharada de cebolla blanca rallada
·	salsa inglesa
·	salsa Tabasco
·	pimienta y sal, al gusto

🌸 Mezclar todos los ingredientes.
🌸 Servir con pan tostado, en canapés, o como relleno de volovanes.
🌸 Rinde 8 raciones

Minerva de Zazueta

Botanitas de cebolla

3	huevos ligeramente batidos
2	cebollas grandes, rebanadas
1/2	taza de harina
1/4	taza aceite
1/8	taza leche
1	cucharada de polvo para hornear
1/4	cucharadita de pimienta
1	pizca de nuez moscada
·	sal y pimienta, al gusto

🌸 Rebanar la cebolla; remojarla en agua de sal durante quince minutos; secarlas perfectamente sin que se rompan.
🌸 Colocar en un recipiente la harina cernida con el polvo para hornear, sal, pimienta y nuez moscada.
🌸 Incorporar los huevos y la leche; formar un atolito espeso.
🌸 Remojar las ruedas de cebolla en esta mezcla. Freírlas en aceite caliente y escurrirlas en papel absorbente.
🌸 Rinde 6 raciones

Receta de María Teresa Romero de Rosas

Ensalada de "locos"

1	lechuga picada
1	paquete de sopa de pasta de coditos
6	huevos cocidos, en rodajas
6	tallos de apio picados
3	cebollitas de Cambray
3	zanahorias ralladas
1	taza de aceite
1	taza de chícharos
1	chile morrón
1	huevo
1	limón
·	mostaza

🌸 Incorporar todos los ingredientes en una ensaladera, excepto el huevo (la pasta cocida y colada y las cebollitas con rabo cortadas en rodajas finas).
🌸 Agregar la mayonesa y adornar con rodajas de huevo cocido.
🌸 Para preparar la mayonesa hay que licuar el huevo crudo, un poco de mostaza y el jugo de limón a velocidad alta; incorporar, poco a poco, un chorrito de aceite.
🌸 Al servir, condimentar con sal en forma individual.
🌸 Rinde 8 raciones

Receta de María Teresa Noriega Uribe

Ensalada de calabacitas

1/2 k	calabacitas tiernas
150 g	queso fresco, desmoronado·
	sal y pimienta, al gusto
1	cebolla grande, en rebanadas
	muy delgadas
1	pizca de orégano molido
·	aceite de oliva y vinagre

❦ Cocer las calabacitas con un poco de sal; escurrirlas y rebanarlas.
❦ Colocarlas en un platón hondo y mezclarlas con aceite, vinagre, orégano, sal, pimienta y cebolla.
❦ Revolver todo y espolvorear el queso.
❦ Dejar reposar veinte minutos.
❦ Rinde 6 raciones

Receta de Yolanda Rivera Valencia

Ensalada de ejotes, chiles poblanos y coliflor

1	coliflor chica
1/4 k	ejotes tiernos
6	chiles poblanos
3	cucharadas de aceite para
	ensalada
3	cucharadas de vinagre
1	cebolla mediana
1	pimiento morrón rojo, en
	rebanadas
1	pizca de orégano
·	aceite
·	sal y pimienta, al gusto

❦ Limpiar los ejotes y partirlos a la mitad, a lo largo, para que queden en tiras; cocerlos a vapor con un poco de sal.
❦ Tostar los chiles, desvenarlos y cortarlos en rajas.
❦ Acitronar en aceite caliente la cebolla rebanada.
❦ Agregar las rajas; tapar y dejar hervir durante diez minutos; revolver ocasionalmente; añadir aceite, vinagre, orégano, sal y pimienta.
❦ Incorporar los ejotes, revolver, retirar del fuego y dejar enfriar; cocer la coliflor al vapor.
❦ Acomodar en un platón hondo las rajas y los ejotes, en medio la coliflor (cuando todo esté frío); adornar con el pimiento morrón.
❦ Rinde 6 raciones

Receta de Silvia Margarita Oliva

Ensalada de Nochebuena

100 g	colación
4	betabeles grandes
3	limas grandes y amarillas
3	naranjas
3	plátanos
1	caña de Castilla
1	jícama grande
1	lechuga picada
1	taza de cacahuates pelados
·	sal, azúcar y vinagre

❦ Limpiar los betabeles y cocerlos en agua; rebanarlos y dejarlos en el agua en que se cocieron; agregar la lechuga.
❦ Partir las naranjas y las limas en cuadritos; pelar la jícama y los plátanos y partirlos también en cuadritos; pelar la caña y cortarla en tiritas; mezclar todo en una cazuela grande.
❦ Poner sal y un poquito de azúcar y vinagre.
❦ Al servir, añadir la colación y los cacahuates.
❦ Rinde 8 raciones

Receta de Patricia Pérez Silva de Patiño

Cornucopia de ensalada

6   tazas de papas cocidas, cortadas en cuadritos
3   tazas de apio picado
3   tazas de cebolla verde picada
3   tazas de jamón cocido picado
2   tazas de mayonesa
1   cucharadita de pimienta molida
2   cucharaditas de vinagre
1   cucharadita de azúcar
6   rebanadas de jamón
1   pepino grande
1   cucharadita de sal

❧ Mezclar papas, apio, cebolla y jamón picado.

❧ Batir la mayonesa con pimienta, vinagre y azúcar en un recipiente aparte.

❧ Colocar las verduras en un molde redondo, con papel plástico abajo, después de mezclarlas con mayonesa; presionar con una cuchara.

❧ Darle vuelta al molde sobre un platón y adornar con conitos de jamón y rebanadas de pepino (previamente sazonadas con sal y pimienta).

❧ Rinde 12 raciones

Receta de Lourdes Arleth Santiago

Caldos, Arroces y Verduras

CALDOS, ARROCES Y VERDURAS

Principia el apartado con un reconfortante caldo de pescado –tres cabezas y su gelatina–, con verduras, especias, hierbas de olor y sus chorritos de aceite y vinagre; se sirve con jugo de limón. Sigue con la sopa de almejas, por su parte, es en realidad un arroz con almejas de fuerte sello local, tan notable que vale el viaje a la bella península.

Una fórmula nacional, en una buena versión estatal, es la de la sopa de bolitas de masa; las tiernas esferitas se preparan aquí con masa de maíz, huevo, mantequilla y leche. De aquellos franceses que exploraron y ambicionaron las Californias, proceden quizá las fórmulas siguientes. Un caldo de queso –mexicanizado con sus chiles cuaresmeños– y una reconfortante sopa de cebolla, bien detallada –incluyendo una cerveza clara– para prepararla con toda propiedad.

Distinguida resulta igualmente la propuesta de la sopa de hongos, de delicado sabor y confección. Y nutritiva la del caldo con térapi –pequeños frijoles blancos– que se realza con cilantro, cebolla, chiles verdes y jitomate –finamente picados– y a la cual, más aún, se añade abundante carne (chambarete).

Ya en la sección de los arroces, conviene tener presente que la técnica culinaria es clave fundamental para el buen resultado. El recetario ofrece tres fórmulas magisteriales. La primera es la de un arroz impar, una crema, con elote, queso fresco y chiles poblanos; después la de un aristocrático arroz almendrado, de alta calidad, y al cabo la gustosa sugerencia de otro con champiñones y chícharos.

Se desemboca así a la sección de las verduras. La porción norte de la península bajacaliforniana es árida en su mayor parte, aunque ha logrado desarrollar el cultivo hortícola en varias zonas. Incluye, pues, diversas y calificadas recetas.

Los hongos rellenos, al horno, y su rico contenido de germen de trigo, cebolla, perejil, romero, queso y ajonjolí, son preparación notable, ya sea como acompañamiento, entrada o botana tempranera. Menos independientes, las croquetas de zanahoria –"con ramitas de perejil en la parte más ancha para darles apariencia" de lo que realmente son– prefieren definitivamente armonizar con los platillos centrales de la comida.

Se imprimen luego algunas recetas que, como otras antes revisadas, dan fe de las múltiples incorporaciones que ha recibido, y acoge, la cocina familiar de la entidad. Así, las colecitas de Bruselas, estofadas con especias, jitomate y pan; las espinacas con garbanzos, preparadas con aceite de oliva, pimentón y vino blanco; los nopalitos compuestos, un clásico del gusto nacional, con todo y su queso añejo espolvoreado, con el cilantro y el orégano, verdiblanca y provocativa coronación de las tiernas pencas.

El apartado finaliza con una propuesta reconocida por su excelencia en los concursos. Se trata de la magnífica versión de una fórmula que es recaudo en las cocinas de todo el país, la de las rajas de chile (poblano) con queso, en cremosa y original sazón.

Almuerza bien, come más, cena poco y vivirás

Caldo de pescado

3	cabezas grandes de pescado
2	cucharadas de aceite
1	cucharada grande de vinagre
10	pimientas enteras
3	limones
2	clavos
2	jitomates
1	cebolla
1	hojita de laurel
1	zanahoria
·	ramitas de epazote
·	sal, al gusto

❧ Colocar las cabezas de pescado en una olla con tres litros de agua, cebolla, zanahoria, laurel, jitomates picados, pimientas, clavos, sal, vinagre, aceite y epazote.

❧ Dejar hervir a fuego lento, con la olla tapada, durante una hora.

❧ Apartar del fuego; retirar las cabezas de pescado y colar el caldo. Servir con limón.

❧ Rinde 10 raciones

Receta de Patricia Pérez Silva de Patiño

Sopa de almejas

3	docenas de almejas
2	cucharadas de arroz
2	cucharadas de cebolla picada
1	jitomate grande
6	gotas de salsa Tabasco
·	sal, al gusto

❧ Lavar las almejas con agua fría ; dejarlas remojar.

❧ Darles un hervor en litro y medio de agua, hasta que las conchas se abran.

❧ Extraer las almejas y, en la misma agua en que se hirvieron, cocer el arroz con la cebolla.

❧ Cuando el arroz esté cocido, agregar el jitomate picado, las almejas y salsa Tabasco; sazonar con sal.

❧ Dejar cocer y servir el arroz caliente.

❧ Rinde 6 raciones

Receta de Carolina Guardado Hernández

Sopa de bolitas de masa

1 1/2	litro de caldo
400 g	jitomates
150 g	masa para tortillas
20 g	mantequilla
1/8	litro de leche
3	cucharadas de aceite
2	cucharadas de perejil picado
2	aguacates
2	dientes de ajo
1	cebolla
1	huevo
·	sal y pimienta, al gusto

❧ Freír el jitomate (asado y molido) con cebolla y ajo.

❧ Cuando reseque, agregar caldo, perejil, sal y pimienta.

❧ Al soltar el hervor, añadir porciones de la pasta con una cucharadita.

❧ Para preparar la pasta se debe mezclar la masa con huevo, mantequilla, sal y leche.

❧ Cuando se cuezan, retirar la sopa del fuego; agregar aguacates cortado en cuadritos y servir.

❧ Rinde 6 raciones

Receta de Estela Villalpando Hernández

Caldo de queso

5	tazas de caldo de pollo
1	taza de queso tipo Chihuahua, cortado en cuadritos
2	cucharadas de cebolla picada
2	jitomates pelados y picados
2	papas peladas, cortadas en cuadritos
·	aceite
·	chiles cuaresmeños en rajas
·	sal y pimienta, al gusto

🍴 Freír las papas, la cebolla, los jitomates y las rajas de chile cuaresmeño.

🍴 Agregar el caldo; sazonar con sal y pimienta.

🍴 Dejar hervir hasta que las papas estén bien cocidas.

🍴 Añadir el queso; servir en cuanto éste empiece a derretirse.

🍴 Rinde 6 raciones

Receta de María Teresa Romero de Rosas

Sopa gratinada de cebolla

50 g	mantequilla
6	rebanadas de pan francés tostado (bolillo)
5	tazas de caldo
1/4	taza de queso rallado
3	cebollas grandes, en rebanadas
1	botella de cerveza clara
1	cucharadita de azúcar
1	cucharada de harina
·	sal y pimienta, al gusto

🍴 En una cacerola grande derretir la mantequilla y freír lentamente las cebollas, durante veinte minutos, hasta que suavicen.

🍴 Espolvorear azúcar y subir la flama para que la cebolla tome color dorado; incorporar la harina, mezclar bien y agregar el caldo.

🍴 Añadir la cerveza, revolver; tapar la cacerola y dejar cocinar suavemente durante media hora.

🍴 Sazonar con sal y pimienta al gusto; agregar agua en caso necesario.

🍴 Servir cada plato con una rebanada de pan francés y queso rallado.

🍴 Rinde 6 raciones

Receta de Silvia Margarita Oliva

Crema de arroz con elote

6	cucharadas de arroz, lavado y escurrido
1/2 k	queso fresco
6	elotes tiernos desgranados
5	tazas de caldo
2	tazas de leche
4	dientes de ajo picados
2	chiles poblanos asados
1	cebolla en rodajas
·	aceite
·	sal, al gusto

🍴 Freír el arroz, el elote, la cebolla y el ajo en aceite caliente (no deben dorar); escurrir el aceite.

🍴 Agregar la leche y el caldo; tapar la cacerola y hervir a fuego lento.

🍴 Cuando el arroz esponje y, antes de apagarlo, agregar el queso desmoronado y adornar con rajas de chile poblano.

🍴 Rinde 6 raciones

Receta de María Teresa Noriega Uribe

Sopa de hongos

1/2 k	hongos frescos
100 g	mantequilla
4	cucharadas de harina
2	yemas de huevo
1	cucharada de perejil picado
1	taza de leche caliente
1/2	taza de cuadritos de pan frito
·	sal y pimienta, al gusto

❧ Lavar y cocer los hongos con agua y sal.
❧ Cuando estén tiernos, escurrirlos y conservar el agua.
❧ Calentar la mitad de la mantequilla y dorar la harina; revolver constantemente para evitar que tome color.
❧ Añadir el agua de los hongos y la leche caliente; hervir a fuego suave; revolver y no dejar espesar.
❧ Picar los hongos; mezclar con las yemas y sazonar al gusto.
❧ Verter los hongos en el caldo, moviendo constantemente.
❧ Al servir, añadir trozos pequeños de mantequilla en la sopera y, en cada plato, cuadritos de pan y una pizca de perejil.
❧ Rinde 6 raciones

Receta de Yolanda Rivera Valencia

Caldo con tépari

1 k	chambarete
2	chiles verdes
2	jitomates
1	cabeza de ajo
1	cebolla
1	cucharada de aceite
1	ramita de cilantro verde
1	taza de frijol tépari
·	sal y pimienta, al gusto

❧ Cocer la carne con la cabeza de ajo, el frijol y sal, en una olla con suficiente agua, durante dos horas y media.
❧ Por separado, picar la verdura y freírla en un poco en aceite; condimentar con sal y pimienta; añadir al caldo y dejar sazonar.
❧ Rinde 12 raciones

Receta de Alma Rosa Luna Palafox

Arroz almendrado

4	tazas de caldo
2	tazas de arroz
1/2	taza de almendras peladas y picadas
4	cebollitas verdes picadas
2	dientes de ajo picados
1	cucharada de apio picado
1	cucharadita de perejil picado
2/3	barra de margarina
·	sal y pimienta, al gusto

❧ Freír cebolla, ajo y apio en la margarina.
❧ Cuando acitronen, añadir el caldo.
❧ Al empezar a hervir, agregar el arroz y las almendras.
❧ Sazonar con sal y pimienta y tapar.
❧ Cocinar veinte minutos, a fuego lento; por último, agregar el perejil.
❧ Rinde 6 raciones

Receta de María Teresa Noriega Uribe

Arroz con champiñones

15	champiñones
4	tazas de agua
2	tazas de arroz blanco
1/2	taza de chícharos cocidos
2	cucharadas de aceite
2	cucharadas de salsa de soya
1/4	cucharadita de sal
1/8	cucharadita de pimienta
1	cebolla mediana picada

❧ Saltear la cebolla y los champiñones en aceite, hasta que estén tiernos; revolver.

❧ Añadir agua, arroz, salsa de soya, sal y pimienta.

❧ Cocinar a fuego alto hasta que hierva la preparación; revolver los ingredientes para mezclarlos bien.

❧ Tapar la olla, bajar el fuego y hervir lentamente hasta que el arroz esté tierno y haya absorbido todo el líquido; al final, añadir los chícharos.

❧ Rinde 6 raciones

Receta de Marta Gloria Monreal U.

Hongos rellenos

18	hongos grandes
1/2	taza de germen de trigo
2	cucharadas de aceite
2	cucharadas de cebolla picada
2	cucharadas de perejil picado
2	cucharadas de queso rallado
2	cucharadas de semilla de ajonjolí
1/2	cucharadita de romero
1/3	cucharadita de sal
·	mantequilla

❧ Lavar los hongos y, con cuidado, cortarles los tallos.

❧ Colocar los hongos en un refractario engrasado; picar los tallos y freírlos en aceite; agregar todos los ingredientes y mezclar.

❧ Rellenar los hongos y hornear durante diez minutos (190°C).

❧ Rinde 6 raciones

Receta de Susana Barragán de Espinosa

Colecitas de Bruselas estofadas

400 g	colecitas de Bruselas
250 g	jitomates
30 g	pan blanco
4	cucharadas de aceite
3	yemas cocidas
2	clavos de olor
1	cebolla
1	raja de canela
·	sal y pimienta, al gusto

❧ Cocer las colecitas en agua con sal.

❧ Dorar el pan en aceite; molerlo con el jitomate asado, canela, clavos y cebolla; freír esta preparación en el mismo aceite.

❧ Al resecar, añadir las yemas cocidas, las colecitas y el agua en que se cocieron; sazonar con sal y pimienta.

❧ Dejar hervir hasta que la salsa se espese.

❧ Rinde 6 raciones

Receta de Estela Villalpando Hernández

Croquetas de zanahoria

2	tazas de puré de zanahoria
1	cucharada de mantequilla derretida
1	pizca de nuez moscada
1	ramito de perejil
1	yema de huevo batida
1/2	cucharadita de sal
·	pan rallado

❦ Mezclar el puré de zanahorias con mantequilla, yema de huevo, sal y nuez moscada.

❦ Formar conos o cilindros; pasarlos por pan rallado y dejarlos orear durante dos horas.

❦ Freírlos en aceite caliente hasta que se doren.

❦ Dejarlos escurrir sobre papel absorbente; acomodarlos en un platón redondo y adornar con ramitas de perejil (en la parte más ancha para darles apariencia de zanahorias).

❦ Rinde 6 raciones

Receta de Estela Villalpando Hernández

Espinacas con garbanzos

1 k	espinacas
500 g	garbanzos remojados
50 g	pan molido
4	dientes de ajo
1	chorrito de vino blanco
1	cucharada de pimentón
1/2	taza de aceite de oliva
·	sal y pimienta, al gusto

❦ Cocer los garbanzos en agua levemente salada.

❦ Hervir aparte las espinacas, también en agua con sal.

❦ Escurrir ambos ingredientes; presionar las espinacas para quitarles el exceso de agua y picarlas burdamente.

❦ Quemar dos dientes de ajo, picados, en dos cucharadas de aceite de oliva; freír los garbanzos, condimentar con sal y pimienta; retirar y colocar en un platón.

❦ Calentar un poco de aceite y dorar los otros dos ajos picados; agregar una cucharada de pimentón.

❦ Antes de que el pimentón se queme, incorporar las espinacas; freírlas, sazonar con sal y pimienta y un chorrito de vino blanco.

❦ Servir las espinacas en un platón, rodearlas de garbanzos y espolvorear el pan molido.

❦ Rinde 10 raciones

Receta de Alicia L. de Valenzuela

Nopalitos compuestos

12	nopales tiernos
100 g	queso añejo
3	cucharadas de cilantro picado
1	cucharadita de orégano
1	jitomate maduro
1	pizca de bicarbonato
·	aceite, vinagre, sal y pimienta, al gusto

❦ Limpiar los nopalitos y picarlos sin lavar; cocerlos con sal y bicarbonato para que se conserven verdes; colar.

❦ Taparlos con un lienzo húmedo para evitar que se hagan babosos.

❦ Colocarlos en un platón y aderezarlos con aceite, vinagre, sal y pimienta; espolvorear cilantro picado, orégano, queso y añadir el jitomate partido en rebanadas. Servir en frío.

❦ Rinde 8 raciones

Receta de María Teresa Romero de Rosas

Rajas de chile con queso

10 chiles poblanos asados, pelados
    y cortados en rajas
1/4 k queso Chihuahua
1 taza de leche
1/4 taza aceite
4 dientes de ajo
2 jitomates medianos
1 cebolla mediana
· salsa inglesa, unas gotas
· sal y pimienta, al gusto

🌶 Picar cebolla, jitomates y ajos.
🌶 Freírlos en aceite hasta que se acitronen.
🌶 Añadir las rajas de chile y la leche; tapar bien.
🌶 Condimentar con sal y pimienta, unas gotas de salsa inglesa; dejar hervir un poco más.
🌶 Agregar el queso en cubitos y dar un último hervor.
🌶 Rinde 8 raciones

Receta de Silvia Margarita Oliva

III

MARISCOS y PESCADOS

Bordeado por un mar y por un océano, el Estado de Baja California ha podido y ha sabido enriquecer su dieta familiar con la rica fauna marítima de sus litorales. Este apartado del recetario empieza con una sugerencia que aprovecha las almejas, abundantes en la región. ¿Qué forma más fácil y eficaz de prepararlas que la llamada a la mexicana? Al horno, en cazuela, con jitomate, cebolla, cilantro y chiles serranos.

Digno de Neptuno, verdaderamente excepcional, se propone después un singular coctel marino. Del mar, transporta camarones, calamares, almejas y pulpo; del huerto, champiñones, papas, pepinillos y jitomates, y a todos adereza con mayonesa, aceite de oliva, alcaparras y especias.

Entre camarones sigue el apartado. En salsa de jitomate, los crustáceos piden un poco de vino blanco y se sirven sobre rebanadas de pan tostado; la alternativa es adobarlos, llevan entonces chile mulato, chile ancho, chile pasilla, además de ajo, orégano, aceite de oliva y vinagre. Una opción más fresca y sabrosa, la constituyen los pepinos rellenos de camarones; su confección necesita queso cremoso, pimientos rojos, paprika y hojas de hierbabuena.

Frecuente es, en la entidad, la ensalada de langosta; la deleitosa carne del exquisito bicho se acompaña con chícharos y zanahorias, aceitunas negras y chiles jalapeños, mayonesa y pimiento morrón. Suculenta elaboración.

Nutritivo, accesible, fresco o enlatado, el atún permite muchísimas confecciones culinarias populares. El recetario bajacaliforniano selecciona algunas versiones útiles y apetitosas. La machaca de atún se hace con hojas de laurel, orégano, chiles serranos y se baña en salsa de jitomate; las frituras del túnido, a la diabla, excitan cualquier paladar con su salsa picante, mostaza, mayonesa y el pescado curado en brandy; el rollo de papa, por su parte, resulta sustancioso y atractivo al adornarse con mayonesa, rajitas de pimiento, aceitunas, lechuga y rabanitos.

El pastel de vigilia, también de atún, es un budín horneado con tortillas y queso; platillo llenador y de fáciles hechuras, resulta recomendable en muchísimas ocasiones.

Se agregan enseguida varias recetas para cocinar pescado. Hay un fino escabeche, en frío, con sus obligatorias verduras, especias, vinagre y aceite; un pescado en tomate verde, con chiles cuaresmeños y cilantro de gusto mexicano; unos filetes, picosos por los chiles en vinagre, sencillos en incitantes.

De lenguado, en cambio, son las recetas de evocación europea con las que termina el apartado. Esta finísima especie tiene equivalentes regionales que permiten elaborar unos deliciosos filetes en salsa de champiñones y otros que se conocen como regios, pues forman su corte con una langosta y una docena de camarones pequeños.

Tres veces nada el buen pez: en agua, aceite y vino

Almejas a la mexicana

6	docenas de almejas
3	jitomates grandes, pelados y picados
2	cucharadas de cebolla picada
2	cucharadas de cilantro picado
1/2	taza de aceite
·	chile serrano
·	sal y pimienta, al gusto

❦ Lavar muy bien las almejas bajo el chorro del agua.

❦ Acomodarlas en una cazuela; cubrirlas con todos los ingredientes; añadir una taza de agua.

❦ Tapar la cazuela con papel aluminio y dejar cocer, a fuego lento, durante veinte minutos.

❦ Servir en la misma cazuela sin quitar las conchas.

❦ Rinde 8 raciones

Receta de María Teresa Romero de Rosas

Coctel marino

1	pulpo pequeño, sin tinta
700 g	almejas
400 g	papas
300 g	calamares
200 g	camarones
200 g	champiñones
1	taza de mayonesa
1/2	taza de salsa de jitomate
4	cucharadas de aceite de oliva
2	cucharadas de alcaparras
4	pepinillos en vinagre
3	pimientos rojos
2	limones
1	diente de ajo
·	perejil, sal y pimienta, al gusto

❦ Cocer las papas con cáscara; dejarlas enfriar, pelarlas y cortarlas en daditos.

❦ Quitar a los champiñones la parte terrosa, lavarlos y cortarlos en rebanadas; meterlos en un recipiente con agua y rociarlos con el jugo de un limón para que no se pongan negros.

❦ Lavar las almejas bajo el chorro de agua; cocerlas en un poco de agua en una sartén grande con tapa (a fuego alto para que se abran).

❦ Cocer los camarones durante cinco minutos y quitarles el caparazón.

❦ Limpiar los calamares, quitarles la parte interior, los ojos, el pico central y la piel; lavarlos y cocerlos; picarlos en trocitos.

❦ Limpiar y cocer el pulpo.

❦ Lavar los pimientos y cortarlos en tiritas.

❦ Quitarle la concha a las almejas; cortar el pulpo y sus tentáculos en anillitos.

❦ En una ensaladera colocar las almejas, los calamares y el pulpo, papas, pimientos, champiñones (escurridos del jugo de limón), camarones y las alcaparras lavadas.

❦ Picar el diente de ajo, un poco de perejil y los pepinillos y ponerlos en un tazón.

❦ Agregar el jugo de un limón y un poco de sal y pimienta diluidos en cuatro cucharadas de aceite.

❦ Condimentar la ensalada con este aderezo; agregar la mayonesa previamente mezclada con salsa de jitomatc.

❦ Rinde 8 raciones

Receta de Altagracia Romo Garza

Camarones en salsa de jitomate

1/2 k	camarones frescos
1	taza de jitomate molido
1/4	taza aceite
1/4	taza vino blanco
6	rebanadas de pan tostado
1	cebolla mediana
·	sal y pimienta, al gusto

- Cocer los camarones en agua con sal; pelarlos.
- Poner el aceite al fuego, agregar el jitomate; sazonar con sal y pimienta; freír bien.
- Añadir los camarones y el vino; hervir ligeramente y retirar; adornar con anillos de cebolla.
- Servir sobre rebanadas de pan tostado.
- Rinde 6 raciones

Receta de María del Socorro Beaven de Mejía

Camarones adobados

24	camarones grandes, frescos
2	cucharadas de vinagre
1	cucharada de aceite de oliva
1/4	cucharada de orégano
2	chiles anchos
1	chile mulato
1	chile pasilla
1	diente de ajo
1/4	cebolla
·	sal, al gusto

- Poner agua a hervir; al soltar el hervor, incorporar los camarones.
- Cuando cambien de color, lavarlos y pelarlos.
- Tostar los chiles, desvenarlos y remojarlos en agua caliente.
- Licuar los chiles, ajo y cebolla. Freír en un poco de aceite; condimentar con sal y orégano; añadir el agua necesaria y vinagre.
- Cuando hierva la preparación, incorporar los camarones; tapar la sartén y dejarla a fuego suave, hasta que el adobo se espese.
- Retirar del fuego y verter en un refractario; hornear durante cinco minutos. Servir caliente.
- Rinde 6 raciones

Receta de María del Socorro Beaven de Mejía

Pepinos rellenos de camarones

8	trozos de pepino, de tamaño regular
125 g	camarones cocidos
100 g	pimientos morrones rojos
8	hojas de hierbabuena, picadas
2	cucharadas de jugo de limón
1/3	taza de queso cremoso
·	paprika, al gusto
·	sal y pimienta negra (recién molida)

- Extraer el centro de cada trozo de pepino y colocarlos verticalmente en un platón; mezclar queso cremoso y jugo de limón.
- Apartar ocho camarones; añadir los demás a la mezcla de queso, junto con los pimientos morrones picados y la hierbabuena; sazonar con sal, pimienta y paprika; mezclar.
- Rellenar los pepinos con la preparación anterior.
- Decorar el platón con los camarones que se apartaron.
- Rinde 8 raciones

Receta de Edda Dukes de Barbosa

Ensalada de langosta

4	tazas de carne cocida de langosta
2	tazas de mayonesa
1	taza de aceitunas negras
1	taza de chícharos cocidos
1	taza de chiles jalapeños
1	taza de zanahorias picadas
1	apio picado
1	lechuga
1	pimiento morrón de lata
·	sal y pimienta, al gusto

❤ Mezclar en un recipiente todos los ingredientes, excepto la lechuga y el pimiento morrón.
❤ Servir la ensalada sobre hojas de lechuga y adornarla con tiritas de pimiento morrón.
❤ Rinde 8 raciones

Receta de Yolanda Rivera Valencia

Machaca de atún

1 k	atún fresco en trozos
125 g	mantequilla
3	ajos enteros
3	chiles serranos
3	hojas de laurel
2	jitomates frescos
1	cebolla chica
1	hojita de orégano
·	sal, al gusto
•	Salsa
300 g	jitomates asados
2	dientes de ajo
·	orégano, sal, pimienta y comino, al gusto

❤ Cocer el trozo de atún en una cacerola; agregar hojas de laurel y orégano, ajos enteros y sal; deshuesarlo y reservar.
❤ Derretir la mantequilla en una sartén grande; freír la verdura bien picada (chiles serranos, cebolla, jitomates frescos).
❤ Agregar el atún y la salsa de jitomate (moler los jitomates asados con los dientes de ajo y las especias).
❤ Dejar en el fuego durante quince o veinte minutos.
❤ Rinde 6 raciones

Receta de Ana Lidia Corrales Morales

Pastel de vigilia

12	tortillas
3	tazas de atún en lata
1	taza de cebolla picada
1	taza de jitomate picado
1	taza de pimiento picado
1	taza de queso rallado
·	aceite y mantequilla

❤ Mezclar atún, jitomate, cebolla y pimiento morrón.
❤ Pasar las tortillas por aceite caliente, sin que se doren.
❤ Engrasar un recipiente refractario con mantequilla y colocar capas sucesivas de tortillas y de mezcla de atún; espolvorear el queso entre cada capa y sobre la última para que se gratine.
❤ Hornear durante treinta minutos a fuego suave.
❤ Rinde 6 raciones

Receta de Susana Barragán de Espinosa

Baja California

Rollo de papa y atún

2	latas de atún
1 k	papas cocidas
2	jitomates
1	barra de margarina
1	diente de ajo
1	lata de pimientos morrones
1	frasco de mayonesa chico
1/2	cebolla
·	aceite
·	aceitunas
·	chiles jalapeños, al gusto
·	lechuga y rábanos
·	sal y pimienta, al gusto

❧ Moler las papas cocidas; agregarles margarina, sal y pimienta; preparar una masa.

❧ Picar los jitomates, cebolla y ajo, freír e incorporar el atún y el chile jalapeño.

❧ Aplanar la pasta de papa sobre un lienzo húmedo; formar un rectángulo; agregar el relleno de atún, enrollar y colocar en un platón.

❧ Adornar con mayonesa y rajitas de pimiento morrón, aceitunas, lechuga picada y rabanitos.

❧ Servir en rebanadas.

❧ Rinde 8 raciones

Receta de Adelana Medina de Santiago
y Emilio Santiago Tovar

Frituras de atún a la diabla

1/2 k	atún
1/2 k	papas amarillas
100 g	pan molido
30 g	mantequilla
1	cucharada de cebolla picada
1	cucharada de perejil picado
1	cucharada de mayonesa
2	cucharaditas de mostaza
2	yemas de huevo
1	huevo
1	ramita de apio picado
·	aceite
·	brandy
·	jugo de un limón
·	salsa picante
·	sal y pimienta, al gusto

❧ Cocer las papas con cáscara; pelarlas y prensarlas calientes.

❧ Agregar mantequilla, yemas de huevo, cebolla, apio, perejil y el atún desmenuzado (previamente reposado en brandy durante dos horas); mezclar bien.

❧ Sazonar con sal y pimienta; dejar reposar durante veinte minutos más.

❧ Formar unas bolitas del tamaño que se desee; bañarlas con huevo y pasarlas por pan molido.

❧ Freírlas en una sartén con suficiente aceite hasta que se doren.

❧ Servirlas calientes bañadas con una cucharadita de salsa.

❧ Para preparar la salsa se debe mezclar mostaza, mayonesa, salsa picante y jugo de limón.

❧ Rinde 6 raciones

Receta de Gloria G. de Muñoz Soto

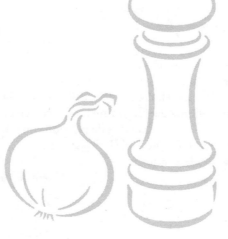

Pescado en escabeche

1 k	pescado
5	cucharadas de aceite
3	cucharadas de vinagre
12	aceitunas
3	hojas de laurel
1	cebolla
1	jitomate en rebanadas
1	nabo
1	ramita de mejorana
1	ramita de perejil picado
1	ramita de tomillo
1	zanahoria
·	pimienta negra molida, al gusto
·	sal, al gusto

❦ Cocer en medio litro de agua la cebolla, verduras y hierbas de olor durante cinco minutos.

❦ Incorporar el pescado en trozos (la parte del centro, sin espinas ni pellejos) y sal; dejar hervir durante cinco minutos.

❦ Retirar de la lumbre y tapar; reservar.

❦ Escurrir y rebanar finamente las verduras; agregarles aceite, vinagre, sal y pimienta negra molida; hervir con el pescado, a fuego muy lento, durante cinco minutos.

❦ Dejar reposar hasta el día siguiente; servir con rebanadas de jitomate, aceitunas y perejil picado.

❦ Rinde 8 raciones

Receta de Patricia Pérez Silva de Patiño

Pescado en tomate

1 k	pescado
10	tomates
3	cucharadas soperas de aceite
1	cucharadita de cilantro picado
3	chiles cuaresmeños verdes
3	hojas de laurel
2	dientes de ajo
1	cebolla
·	sal, al gusto
·	chiles en vinagre

❦ Calentar el aceite, a que se queme, con dos dientes de ajo; freír ahí el pescado (la parte del centro, en trozos).

❦ Agregar los tomates (cocidos y molidos con la cebolla), los chiles (partidos en tiritas finas), el cilantro picado y el laurel; sazonar con sal.

❦ Dejar hervir a fuego lento durante diez minutos.

❦ Servir el pescado con chiles en vinagre.

❦ Rinde 6 raciones

Receta de Patricia Pérez Silva de Patiño

Pescado picoso

8	filetes de pescado (gruesos)
4	cucharadas de aceite de oliva
3	cucharadas de cebolla picada
3	limones
1	latita de chiles en vinagre
1/2	taza de cilantro picado
·	lechuga
·	sal y pimienta, al gusto

❦ Lavar las rebanadas de pescado; secarlas bien.

❦ Untarlas con limón, sal y pimienta.

❦ Freír la cebolla en aceite caliente; dejarla dorar.

❦ Retirarla del fuego y mezclarla con cilantro y chiles en vinagre.

❦ Cubrir las rebanadas de pescado con esta preparación y hornearlas.

❦ Servir con hojas de lechuga.

❦ Rinde 8 raciones

Receta de Mercedes Márquez Montenegro

Filetes de pescado en salsa de champiñones

12	filetes de lenguado, delgados
1/2 k	champiñones frescos
100 g	tocino
6	rebanadas de queso asadero
4	ramas de apio
2	cebollas de rabo
2	pimientos morrones rojos
1	cucharadita de sal de ajo
1/2	cucharadita de paprika (o pimentón)
·	mantequilla
·	pimienta blanca
·	sal, al gusto

- 🌱 Unir dos filetes y, en el medio, colocar una rebanada de queso asadero del tamaño de los filetes.
- 🌱 Poner tocino en uno de los filetes y freír el emparedado por ese lado; darle vuelta luego, por el lado sin tocino; cuando se fría, retirar.
- 🌱 Servir los filetes de pescado bañados con la salsa de champiñones bien caliente.
- 🌱 Para preparar la salsa de champiñones hay que picar finamente las cebollitas, los pimientos rojos y el apio; freírlos en mantequilla.
- 🌱 Cuando acitronen, añadir los champiñones picados; condimentar con sal, pimienta blanca y sal de ajo.
- 🌱 Tapar y dar un hervor; al servir, agregar un poco de paprika.
- 🌱 Rinde 6 raciones

Receta de Pomposa Vargas Villa

Filetes regios de lenguado

12	camarones pequeños, crudos
6	filetes de lenguado
2	cabezas de lenguado
1	langosta chica, cruda
100 g	queso rallado
1	litro de agua
1/3	taza de vino blanco
6	cucharadas de harina
3	cucharadas de mantequilla
1/4	cucharadita de paprika
	sal y pimienta, al gusto

- 🌱 Lavar y secar los filetes; espolvorearlos con sal, pimienta y paprika.
- 🌱 Colocarlos en un recipiente refractario engrasado; verter encima el vino y tapar con papel aluminio.
- 🌱 Hornear a fuego medio durante quince minutos.
- 🌱 Por separado, cocer en agua las cabezas de lenguado, la langosta y los camarones, hasta que se reduzca el caldo a una taza; pelar los camarones y la langosta.
- 🌱 Derretir la mantequilla; añadir la harina con movimientos rápidos; agregar poco a poco el caldo colado, sin dejar de mover; sazonar con sal y pimienta; dejar hervir.
- 🌱 Verter la preparación anterior sobre los filetes de pescado; adornar con trozos de langosta cocida y los camarones.
- 🌱 Espolvorear el queso y hornear, a fuego lento, hasta que se gratine.
- 🌱 Rinde 6 raciones

Receta de María Guadalupe Salmón R.

Aves y Carnes

Este apartado de la cocina familiar bajacaliforniana se inicia con un par de recetas que atienden, cuidadosamente, preparaciones exóticas para pechugas de pollo. En la primera se aconsejan en un curry ligero, con cerveza, jitomate y queso como detalle propio; en la segunda servidas frías y bañadas en una espesa salsa de crema, mostaza, mantequilla fundida, yemas, sal y pimienta.

Incluye después un par de ofertas para guisar al saltarín conejo; ambas recetas son, por su parte, de reminiscencias europeas. En una de ellas, el conejo lleva ciruelas y se acompaña con tocino, laurel, tomillo, perejil, romero y vino tinto; en la otra, son los champiñones, la cebolla, el perejil y el vino blanco los que apoyan un apetitoso asado.

Arriban las fórmulas para la carne de cerdo y, como en toda la república, son numerosas e imaginativas. A la manera mexicana, se sugiere el puerco con verdolagas –en salsa de chile morita, ajo, jitomate y crema– o, un tanto más internacional, como lomo borracho, o sea, empapado en cerveza y bien horneado.

Continúan los asuntos porcinos con la propuesta de unas costillas con piña –de nostalgias orientales y de chuparse los dedos– y una cochinita pibil al estilo californiano, sumamente ingeniosa. No se evoca el Oriente en este caso, sino a la península del otro extremo, la de Yucatán, y surgen así el achiote, la naranja agria, la cebolla morada, la hoja de plátano.

El chamorro que luego llega se ofrece en una incitante salsa de chile ancho, ajo, cebolla, orégano y vinagre; los trozos de papa con los que se sirven carne y huevo ayudan a capturar la sabrosa salsa.

Carne de res y puerco, además de crujiente chicharrón, dan lugar a unas originales albóndigas en caldillo, mientras que la carne molida de res, con cebolla, huevos, pan, albahaca y pimienta, amasada en "forma de flauta", y al horno, constituye la carne moldeada que enseguida se analiza.

Cazuela se denomina un reparador guiso de trocitos de pulpa de res en un sofrito mexicano de jitomate, chile, cebolla y ajo, al que se agregan granitos de mostaza y se incorporan verduras: papas, calabacitas, zanahorias, garbanzos y arroz.

Un proceso ingenioso, equivalente a la barbacoa, y no exactamente la técnica de la cocción bajo tierra, demandan las ricas costillas adobadas que se revisan posteriormente.

También son de carne de res las fórmulas finales del apartado: un lomo relleno de verduras y horneado con especias, chile pasilla y ajo, y un espléndido filete, a la mexicana, que tiene entre sus ingredientes chile ancho, ajo, especias y un buen chorro de pulque. Luego, al servirse, se adorna con una apetitosa bandera tricolor formada por rojos pimientos, blanco puré de papas y el verde vegetal de los chícharos cocidos y pasados por un colador.

Pan, vino y carne, crían buena sangre

Pollo favorito

5	pechugas partidas a la mitad
1	lata de sopa de jitomate
1	taza de cerveza
1/2	taza de queso rallado
4	cucharadas de mantequilla
2	cucharaditas de polvo curry
1	cucharadita de orégano
1	cebolla picada
·	pimienta, al gusto

❦ Freír la cebolla en mantequilla hasta que se acitrone.

❦ Añadir la sopa de jitomate, cerveza, orégano, polvo de curry y pimienta; cocinar a fuego lento durante diez minutos.

❦ Acomodar las pechugas de pollo en un recipiente refractario engrasado; incorporar la preparación anterior.

❦ Meter a horno precalentado (200°C) durante una hora; retirar y espolvorear queso rallado.

❦ Rinde 10 raciones

Receta de María Teresa Noriega Uribe

Pechugas con crema

6	pechugas de pollo cocidas
75 g	queso rallado
1/2	litro de crema
6	yemas de huevo
6	cucharadas de mostaza
3	cucharadas de mantequilla fundida
·	sal y pimienta, al gusto

❦ Cortar las pechugas en filetes y colocarlos en un platón.

❦ Revolver las yemas de huevo crudas, mostaza, mantequilla fundida, queso, crema, sal y pimienta.

❦ Mezclar todo y cubrir las pechugas con esta preparación.

❦ Servir en frío.

❦ Rinde 12 raciones

Receta de Yolanda Rodríguez Ituarte

Carne moldeada

1 k	carne molida
1/2	taza de agua
1/4	taza de salsa de jitomate
2	cucharadas de mantequilla
1	cucharadita de sal
1/2	cucharadita de albahaca
1/4	cucharadita de pimienta negra molida
4	rebanadas de pan fresco molido
2	cebollas medianas
2	huevos
·	perejil para adornar

❦ Picar finamente media cebolla y partir el resto en ruedas; reservar.

❦ En un tazón grande mezclar cebolla picada, carne molida, huevos, pan molido, agua, salsa de jitomate, sal, albahaca y pimienta.

❦ Colocar la carne en un molde para horno (33 x 23 cm) y darle forma de flauta (apretarla firmemente).

❦ Hornear a 175°C durante una hora.

❦ Quince minutos antes de que la carne esté lista, saltear en mantequilla las ruedas de cebolla; reservar.

❦ Colocar la carne con cuidado en una fuente caliente y adornar con las ruedas de cebolla y perejil.

❦ Rinde 8 raciones

Receta de María Isabel García Jiménez

Conejo con ciruelas

1	conejo cortado en piezas
500 g	ciruelas sin semillas
6	tiras de tocino
2	cucharadas de aceite
2	dientes de ajo picados
1	botella de vino tinto
1	cebolla picada
1	hoja de laurel
·	tomillo, romero y perejil
·	sal y pimienta, al gusto

❦ La víspera remojar las ciruelas en el vino.

❦ En una sartén dorar en aceite las piezas del conejo y el tocino; sazonar con sal y pimienta; verter todo a una cazuela de barro.

❦ Incorporar la cebolla y los ajos previamente dorados, el vino, las ciruelas y las especias.

❦ Hornear a temperatura moderada, con la cazuela tapada, por espacio de dos horas.

❦ Rinde 6 raciones

Receta de Edda Dukes de Barbosa

Asado de conejo

1	conejo tierno
50 g	mantequilla
3	cebollas medianas
1	lata de champiñones (250 g)
1	vaso de vino blanco
·	perejil picado
·	sal y pimienta, al gusto

❦ Partir en piezas el conejo y freírlas en mantequilla caliente, hasta que se doren.

❦ Añadir vino blanco, sal, pimienta y las cebollas cortadas finamente.

❦ Dejar cocer en un recipiente sin tapar; al final, añadir los champiñones y espolvorear perejil.

❦ Rinde 6 raciones

Receta de Gloria G. de Muñoz Soto

Carne de puerco con verdolagas

1/2 k	carne de puerco cocida, en trozos
1/2 k	verdolagas cocidas, escurridas
300 g	jitomate cocido
1/4	litro de crema
4	chiles morita cocidos
3	dientes de ajo
1	cucharada de consomé de pollo, en polvo
1/2	cebolla
·	aceite

❦ Licuar jitomate, chiles morita, ajos y cebolla; freír en aceite.

❦ Agregar consomé, la carne y las verdolagas cocidas; dejar hervir durante cinco minutos.

❦ Al servir, agregar crema.

❦ Rinde 6 raciones

Receta de María Teresa Noriega Uribe

Costillas de puerco con piña

1 k	costillas de puerco, en trozos pequeños
4	cucharadas de salsa de soya
1	cucharada de azúcar
1	cucharada de fécula de maíz
1	cucharada de manteca
3	dientes de ajo machacados
2	ramas de apio en trozos
1	lata mediana de piña en trozos
1	mazo de cebollitas de Cambray en trozos
·	jugo de una piña
·	sal y pimienta, al gusto

❧ Mezclar salsa de soya, pimienta, sal, azúcar y ajo; untar las cotillas con esta preparación; dejar reposar veinte minutos.

❧ Calentar la manteca en una cacerola honda y freír las costillas a fuego regular.

❧ Aumentar gradualmente el calor para que se doren; revolver en forma constante para que el dorado sea parejo y no se quemen.

❧ Una vez fritas y doradas, retirar las costillas; en la misma cacerola verter la fécula de maíz (previamente disuelta en una taza de agua fría); agregar el jugo de piña.

❧ Cuando la preparación hierva y espese, añadir la piña en trozos, cebollitas de Cambray y apio; revolver unos minutos.

❧ Agregar enseguida las costillas y dejarlas hervir unos minutos con la cacerola destapada, a fin de no recocer los ingredientes.

❧ Añadir azúcar, en caso necesario.

❧ Servir las costillas bien calientes, acompañadas con arroz blanco al estilo oriental.

❧ Rinde 6 raciones

Receta de Josefina Castro de Inzuna

Cochinita pibil al estilo californiano

1 k	pulpa de puerco, en trozos chicos
120 g	achiote
1 1/2	taza de jugo de naranja agria
1	hoja de plátano
·	sal y consomé, al gusto
·	pimienta y hojas de epazote
·	Cebollas curtidas
2	tazas de rebanadas de cebolla roja
1 1/3	tazas de agua hirviendo
1 1/4	tazas de vinagre
4	dientes de ajo
·	jugo de cuatro limones
·	sal y orégano, al gusto

❧ Pasar la hoja de plátano por la lumbre para que se ablande; acomodarla en el recipiente en que se va a hornear.

❧ Licuar el achiote con jugo de naranja; agregar sal, consomé, pimienta y hojas de epazote.

❧ Adobar la carne con esta preparación; acomodarla sobre la hoja de plátano y envolverla con las puntas de ésta.

❧ Tapar con papel estaño y con la tapa del recipiente.

❧ Meter a horno precalentado durante una hora.

❧ Sacar la carne y desbaratarla con dos tenedores.

❧ Servir con cebollas curtidas (hervir la cebolla rebanada con ajo, sal, orégano, agua, vinagre y jugo de limón), guacamole y frijoles refritos.

❧ Rinde 6 raciones

Receta de María Teresa Noriega Uribe

Chamorros con chile colorado

2 k	chamorros
4	chiles anchos
4	cucharadas de vinagre blanco
3	dientes de ajo
3	papas medianas
1	cebolla
1	pizca de orégano
·	aceite
·	sal y pimienta, al gusto

❦ Lavar y secar bien los chamorros.

❦ Remojar los chiles anchos durante la noche previa y licuarlos con ajo, cebolla y orégano; agregar vinagre, sal y pimienta.

❦ Freír los chamorros; dorarlos por ambos lados.

❦ Adobarlos con el chile colorado y colocarlos en una cacerola; añadir el chile restante.

❦ Cocer a fuego lento en un recipiente tapado, durante tres horas; cuando la carne se desprenda del hueso, agregar las papas, sin pelar, en trozos.

❦ Volver a tapar hasta que las papas estén cocidas.

❦ Rinde 12 raciones

Receta de María Teresa Romero de Rosas

Albóndigas con chicharrón

1/4 k	tomates verdes
300 g	carne de puerco molida
300 g	carne de res molida
80 g	chicharrón desmenuzado
1/2	litro de consomé de pollo
1	taza de crema
2	cucharadas de aceite
1	cucharada de consomé de pollo, en polvo
1	cucharadita de perejil picado
7	chiles California, verdes
2	dientes de ajo picados
2	hojas de laurel
2	huevos
1	cebolla picada

❦ Mezclar la carne con chicharrón, cebolla, ajo, huevos, perejil, consomé en polvo; formar las albóndigas con esta preparación.

❦ Licuar los tomates con los chiles; freír la mezcla en un poco de aceite; añadir el consomé.

❦ Cuando empiece a hervir, incorporar las albóndigas y el laurel; dejar hervir durante veinte minutos, a fuego lento.

❦ Al servir, agregar la crema.

❦ Rinde 6 raciones

Receta de María Teresa Noriega Uribe

Carne de puerco borracha

1 k	lomo de cerdo
6	cucharadas de aceite
2	cucharadas de azúcar
2	cucharadas de sal
1	cucharada de pimienta
1 1/2	cebollas rebanadas
1	cerveza

❦ Condimentar la carne con sal, pimienta y azúcar; dorarla en aceite.

❦ Agregar cebolla; enseguida la cerveza (quitarle el gas); colocarla en un recipiente refractario engrasado.

❦ Meterla al horno a fuego suave durante cuarenta y cinco minutos; bañarla continuamente con su propio jugo.

❦ Rinde 6 raciones

Receta de María Guadalupe Salmón R.

Cazuela

1/2 k	pulpa de res
1	taza de garbanzos cocidos
1/3	taza de arroz
3	calabacitas medianas
3	papas medianas
3	rebanadas de cebolla
3	zanahorias medianas
2	granitos de mostaza
1	chile California verde
1	diente de ajo
1	jitomate mediano
·	aceite
·	cilantro
·	sal y pimienta, al gusto

- ❦ Poner a cocer la carne en trocitos.
- ❦ Picar jitomate, cebolla y chiles verdes; freírlos en aceite junto con el diente de ajo y la mostaza molida.
- ❦ Agregar enseguida el caldo de la carne.
- ❦ Partir en cuadritos las papas, las calabacitas y las zanahorias e incorporarlas al guiso.
- ❦ Dejar cocer, a fuego lento, aproximadamente durante veinte minutos.
- ❦ Freír un poco de arroz y agregarlo al final, junto con los garbanzos.
- ❦ Condimentar con sal y pimienta y añadir unas ramitas de cilantro.
- ❦ Rinde 6 raciones

Receta de María Teresa Cruz Corvera

Costillas en barbacoa

3 k	costillas de res
200 g	chile ancho molido
125 g	chile pasilla
5	cabezas de ajo
1	cucharada de cominos enteros
1	cucharada de manteca
1	cucharada de orégano
1/3	taza de vinagre blanco
·	sal y pimienta, al gusto

- ❦ Cocer el chile pasilla en poca agua, hasta que se ablande.
- ❦ Licuar ajo, cominos, orégano, chile pasilla, chile ancho, vinagre, sal y pimienta y freírlos en manteca.
- ❦ Cocer las costillas con la preparación anterior y agregar agua suficiente para que queden cubiertas.
- ❦ Dejarlas cocinar durante dos horas o hasta que la carne se separe del hueso.
- ❦ Rinde 20 raciones

Receta de Gloria Merino Sotelo

Filete a la mexicana

1 k	filete de res
50 g	manteca o aceite
2	hojas de laurel
1	chile ancho
1	clavo de olor
1	diente de ajo
1	jitomate
1	pizca de orégano
1/2	litro de pulque
·	chícharos cocidos
·	pimientos morrones
·	puré de papa
·	sal y pimienta, al gusto

- ❦ Limpiar bien el filete y freírlo en manteca o aceite.
- ❦ Cuando se haya dorado, agregarle el chile molido con jitomate, ajo, clavo y orégano.
- ❦ Dejar freír; agregar las hojas de laurel y agua.
- ❦ Cuando el guiso suelte el hervor, añadir el pulque; dejar hervir quince minutos más; sazonar con sal y pimienta.
- ❦ Dejar en el fuego hasta que termine la cocción y la salsa se espese.
- ❦ Rebanar el filete, colocarlo en un platón, bañarlo con la salsa y decorar con el puré de papa (en duya de boquilla rizada).
- ❦ Formar una bandera con los pimientos morrones, el puré y, finalmente, los chícharos cocidos y colados.
- ❦ Rinde 8 raciones

Receta de María Teresa Romero de Rosas

Lomo relleno

1 1/2 k lomo plano de res
4 chiles pasilla
3 dientes de ajo
· comino, pimienta, orégano
· mantequilla
· vinagre

• Relleno
1 1/2 tazas de apio picado finamente
1 1/2 tazas de cebollas picadas
1 1/2 tazas de jitomates picados
1 taza de chícharos cocidos
5 chiles jalapeños picados
4 zanahorias en rebanadas
3 papas picadas
2 dientes de ajo

❦ Licuar las especias con los chiles pasilla, ajo y vinagre.
❦ Extender el lomo de res; sazonarlo con mantequilla y bañarlo con las especias licuadas.
❦ Freír los ingredientes del relleno en mantequilla y verterlos sobre el lomo; enrollarlo y amarrarlo bien con un hilo.
❦ Cubrir el lomo con mantequilla y meterlo al horno durante una hora.
❦ Rinde 12 raciones

Receta de María del Refugio Rodríguez

Panes, Pasteles y Dulces

PANES, PASTELES Y DULCES

Variada y rica repostería ofrece la cocina familiar de la entidad, lo que permite asomarse en este apartado tanto a confecciones básicas como a las sutilezas del merengue. En comal grande –al estilo oaxaqueño– y con harina, se sugieren para empezar unas tortillas norteñas, de agua; luego se estudia el proceso del pan blanco o bolillo. Se principia, pues, por lo que parece más sencillo, aunque –ya que se suele comprar y escasamente se prepara en casa– resulte un tanto inusual. Vale la pena ensayar ambas recetas.

De nieve se llama otro pan –fórmula siguiente–, que lleva leche, huevo y pasas. Un pan más, el de zanahoria, se enriquece con vainilla y canela y deben añadírsele todavía bastantes nueces.

En cuanto a galletas, se proponen dos recetas interesantes. Hechas unas de pinole, según la tradición indígena, si bien su punto se obtiene con el apoyo de la manteca y la harina; confeccionadas las otras con avellanas licuadas, azúcar y claras de huevo. Una mezcla directa, simple, para llegar a unas golosinas de excepción.

Los polvorones que gustan a chicos y grandes se ofrecen aromados por naranjas y –tras una manita de barniz de yema– espejeantes y atractivos.

Nueva receta inusual, aunque de constante uso comercial, se imprime a continuación. Es invitación y desafío. Se trata de elaborar un bizcocho coditiano, amable compañía del desayuno o la merienda. Y, cier-tamente, las "conchas" hechas en casa pueden resultar más tiernas y apetitosas que las de la panadería .

Prosigue una serie de atractivos pasteles. El de dátil incorpora, curiosamente, mayonesa; el resto de los ingredientes es el tradicional; la suma proporciona un manjar, un auténtico maná. Aparentemente más humilde, el inmediato pastel de calabaza incluye dátiles, y como si fuese poca tal soberbia, agrega pasas, piloncillo, coco rallado y nueces.

Acto continuo se presentan dos aportaciones del ingenio moderno. La versión del pastel de fresas podría definirse como un delirio de golosos. Ya horneado el pan, se corta por la mitad para recibir las frescas fresas y la crema batida. Lucubración nórdica, también de golosos o chiquillos, el pastel borracho con crema y durazno representa una posibilidad más, igualmente vistosa.

Tradicional, en cambio, el dulce de leche de la página siguiente pide vainilla, canela, huevos y azúcar para el turrón; continúa un dulce de jitomate, una mermelada en realidad, que se elabora con azúcar, limón y clavo.

Así mismo nacional, el horneado budín de camote se acompaña con canela y pasas, además de leche, huevos frescos y mantequilla. Al final, como última receta del recorrido, se regala la invitación a unos bien hallados tamales de piña, de aroma suave y mejor sabor.

¡Ay cocol! ¿Ya no te acuerdas de cuando eras chimisclán?

Galletas de avellana

1 k   azúcar
1/4 k   avellanas licuadas
4   claras de huevo

❧ Batir las claras de huevo hasta que queden espumosas.
❧ Agregar azúcar, poco a poco, y seguir batiendo.
❧ Incorporar las avellanas licuadas.
❧ Mezclar todo y colocar la preparación, con una cuchara, sobre láminas para hornear, formando las galletas una por una.
❧ Hornearlas a fuego lento hasta que se doren.
❧ Rinde 8 raciones

Receta de Evangelina Morales de Corrales
y Ana Lidia Corrales Morales

Galletas de pinole

1/2 k   manteca
3   tazas de pinole
2   tazas de azúcar
2   tazas de harina
4   cucharaditas de polvo para hornear
6   huevos
1   puñito de sal

❧ Batir la manteca con azúcar, polvo para hornear y sal; agregar los seis huevos.
❧ Añadir la harina y el pinole, en forma alternada; agregar un poco de agua, en caso necesario.
❧ Extender la masa y preparar las galletas con un molde; colocarlas sobre una charola y hornearlas.
❧ Rinde 8 raciones

Receta de María Teresa Noriega Uribe

Pan blanco o bolillo

5   tazas de harina
1/2   taza de agua tibia
3   cucharadas de levadura
1   cucharadita de sal
1   cucharadita de grasa
·   un poquito de azúcar

❧ Colocar la levadura en un plato y añadir azúcar con un poco de agua tibia hasta formar una pasta; dejar reposar durante veinte minutos.
❧ Mezclar la harina con sal; hacerle un hoyo en el centro, verter la levadura y añadir una cucharadita de grasa y el agua tibia necesaria para formar la masa. La masa debe resultar fácil de manejar (añadir un poco de agua, en caso necesario).
❧ Doblar la masa y empujarla hacia delante con la base de la palma de la mano; darle vuelta y repetir la operación varias veces durante diez minutos.
❧ Colocar la masa en un recipiente engrasado en un lugar tibio; añadir por encima un poco de harina y cubrir con un trapo húmedo; dejarla reposar durante una hora.
❧ Cortar pequeñas bolitas de masa y darles forma de bolillo; dejarlas reposar en un lugar tibio hasta que aumenten al doble de su tamaño; barnizar con agua salada.
❧ Hornear a 350°C durante media hora o más.
❧ Rinde 12 raciones

Receta de María Teresa Noriega Uribe

Pan de zanahoria

3	tazas de harina
2	tazas de azúcar
1	taza de aceite
1	taza de nueces
1	cucharadita de bicarbonato
1	cucharadita de canela
1	cucharadita de sal
1	cucharadita de vainilla
1/4	cucharada de polvo para hornear
3	huevos
2	zanahorias ralladas

❦ Batir las claras de huevo a punto de turrón; incorporar las yemas y el resto de los ingredientes; batir bien.

❦ Verter la pasta en un molde cuadrado, previamente engrasado.

❦ Hornear a 220°C, durante ochenta minutos.

❦ Sacar del molde y dejar enfriar.

❦ Rinde 6 raciones

Receta de María Oliva de Cruz

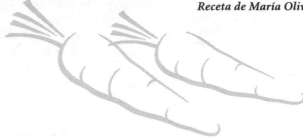

Pan de nieve

500 g	harina
100 g	azúcar
1/8	litro de leche
1/2	taza de pasas
2	cucharadas soperas de nata de leche
1	cucharadita de levadura seca
3	huevos

❦ Colocar en una cazuela harina cernida con levadura, azúcar, nata, leche, dos huevos enteros y una clara.

❦ Amasar todo junto con las manos y moldear unos panecitos redondos; barnizarlos con la yema de huevo sobrante y añadirles las pasas por encima.

❦ Cocerlos en horno caliente durante quince minutos.

❦ Rinde 10 raciones

Receta de Patricia Pérez Silva de Patiño

Tortillas de agua (de comal grande)

1 k	harina
1/2 k	manteca vegetal
·	agua tibia
·	sal, al gusto

❦ Colocar la harina en una mesa.

❦ Derretir la manteca y dejarla enfriar un momento.

❦ Mezclarla con la harina; agregar sal (de preferencia granulada) y añadir, poco a poco, agua tibia.

❦ Amasar muy bien hasta que se esponje; dejarla orear.

❦ Cortar con la mano bolitas más o menos grandes y colocarlas sobre una charola extendida; barnizarlas con manteca vegetal y dejarlas orear un momento.

❦ Hacer las tortillas y cocerlas en comal.

❦ Rinde 12 raciones

Receta de Evangelina Morales de Corrales
y Ana Lidia Corrales Morales

Las conchas

- 1/2 k   harina
- 125 g   azúcar
- 75 g   manteca
- 75 g   mantequilla
- 15 g   levadura comprimida
- 5   huevos
- 2   yemas de huevo
- 1/2   cucharadita de sal

- •   Adorno
- 100 g   azúcar
- 100 g   harina
- 100 g   manteca

- ❦ Diluir la levadura en ocho cucharadas de agua tibia y agregar un poco de harina hasta formar una masa.
- ❦ Hacer una bola y dejarla reposar en un lugar tibio (debe crecer al doble de su tamaño).
- ❦ Cernir la harina restante con sal y azúcar; mezclar los huevos, las yemas y la manteca.
- ❦ Revolver bien y añadir la masa de la levadura; amasar hasta que se formen ampollas en la pasta.
- ❦ En un recipiente engrasado verter la pasta y untarle manteca por encima; cubrirla con una servilleta y dejarla en un lugar tibio, durante seis horas o más, para que crezca de tamaño.
- ❦ Amasarla durante uno o dos minutos; hacer bolitas de masa y colocarlas en charolas o láminas engrasadas.
- ❦ Aplanarlas un poco y añadirles la pasta de adorno por encima, dándole forma con un cuchillo.
- ❦ Para preparar la pasta de adorno se debe mezclar, con la punta de los dedos, manteca, azúcar y harina.
- ❦ Dejar reposar de nuevo hasta que estén al doble de su tamaño; meter al horno caliente (200°C).
- ❦ Rinde 10 raciones

Receta de María Teresa Noriega Uribe

Polvorones de naranja

- 500 g   harina
- 250 g   manteca
- 115 g   azúcar
- 3   yemas de huevo
- 2   naranjas dulces
- 1   yema para barnizar
- 1/2   cucharadita de bicarbonato

- ❦ Colocar la manteca en una mesa y batir con la mano hasta que quede porosa.
- ❦ Añadir el jugo de naranja y la corteza rallada, las yemas y el azúcar.
- ❦ Agregar la harina y el bicarbonato, sin amasar.
- ❦ Hacer unas bolitas de masa; extenderlas y presionarlas con la mano sobre la charola de hornear, hasta que queden redonditas, barnizarlas con la yema de huevo.
- ❦ Cocerlas en horno caliente durante diez minutos.
- ❦ Rinde 10 raciones

Receta de Patricia Pérez Silva de Patiño

Mermelada de jitomate

- 1 k   jitomates
- 1/2 k   azúcar
- 4   clavos de olor
- 2   limones
- 1   cáscara de limón

- ❦ Sumergir los jitomates en agua hirviendo para quitarles la cáscara.
- ❦ Deshacerlos con la mano y ponerlos en el fuego.
- ❦ Agregar azúcar, jugo y cáscara de limón y los clavos de olor.
- ❦ Dejar hervir hasta obtener punto de jalea.
- ❦ Retirar del fuego y verter en un platón.
- ❦ Rinde 10 raciones

Receta de Gloria García de Muñoz Soto

Pastel de calabaza

1 k	calabaza, cocida con piloncillo
3	tazas de harina
2	tazas de azúcar
1 1/2	tazas de aceite
1	taza de coco rallado
1	taza de dátil
1	taza de nuez picada
1	taza de pasas
2	cucharaditas de bicarbonato
1	cucharadita de canela
1	cucharadita de nuez moscada
1	cucharadita de sal
5	huevos
2	paquetes de pudín de vainilla

- 🦀 Mezclar todos los ingredientes secos.
- 🦀 Agregar los demás ingredientes y revolver con una cuchara de madera hasta obtener una consistencia suave.
- 🦀 Añadir, al final, los dátiles picados, las pasas, el coco rallado y la nuez.
- 🦀 Hornear durante una hora.
- 🦀 Rinde 12 raciones

Receta de María Teresa Noriega Uribe

Pastel borracho con crema y duraznos

6	huevos
1	taza de azúcar
3/4	taza de harina
1/4	taza de fécula de maíz
2	cucharadas de agua
2	cucharadas de jugo de limón
1	cucharadita de polvo para hornear
1	cucharadita de vainilla

- 🦀 Separar las yemas y las claras; batir las claras a punto de turrón.
- 🦀 Batir las yemas hasta que acremen e incorporar la mitad de las claras; alternar con agua y jugo de limón; seguir batiendo.
- 🦀 Añadir los ingredientes secos (fécula de maíz, harina, azúcar, polvo para hornear) y, al final, la vainilla y el resto de las claras.
- 🦀 Verter en un molde rectangular, engrasado.
- 🦀 Hornear a 220°C, durante treinta minutos (hasta que, al introducir un palillo, éste salga seco); cuidar que el pan no se dore.
- 🦀 Rinde 8 raciones

•	Crema
1	taza de leche evaporada
5	cucharadas de agua
4	cucharadas de ron
1	cucharadita de vainilla
3	yemas de huevo

Crema
- 🦀 Mezclar las yemas de huevo, el agua, la leche y el ron.
- 🦀 Colocar la mezcla a baño María, moviendo constantemente para que no se pegue, hasta que se espese.
- 🦀 Añadir la vainilla y dejar enfriar.

•	Almíbar
1	taza de agua
1	taza de duraznos en almíbar
•	ron, al gusto

Almíbar
- 🦀 Colar los duraznos y mezclar el almíbar con agua y ron.
- 🦀 Dividir el pan en cuadros e impregnarlos de almíbar; cubrirlos con la crema. Colocar medio durazno en el centro de cada cuadro.
- 🦀 Refrigerar antes de servir.

Receta de Gloria Merino Sotelo

Pastel de fresas

1 k	fresas
175 g	harina
150 g	azúcar glass
125 g	mantequilla
100 g	azúcar
3/4	litro de crema para batir
3/4	taza de jugo de piña
5	huevos
1 1/2	cucharaditas de polvo para hornear

🌹 Acremar la mantequilla, añadir el azúcar y seguir batiendo.

🌹 Agregar las yemas de huevo, una por una, y la harina cernida con el polvo para hornear.

🌹 Añadir el jugo de piña y, al final, las claras batidas a punto de turrón.

🌹 Verter la preparación en un molde redondo, engrasado y enharinado; hornear a 190°C, durante veinte minutos; dejar enfriar.

🌹 Cortar el pan a la mitad, horizontalmente. Poner en una de las mitades una capa de crema batida con azúcar glass; una de fresas frescas espolvoreadas con azúcar, y otra de crema.

🌹 Colocar encima la otra mitad del pastel; cubrirlo por completo con la crema sobrante y adornarlo con fresas frescas y enteras.

🌹 Rinde 8 raciones

Receta de Silvia Margarita Oliva

Pastel de dátil

2	tazas de harina
1 1/2	tazas de dátiles sin hueso
1	taza de agua
1	taza de mayonesa
1	cucharadita de vainilla
3/4	taza de azúcar
1/2	cucharadita de bicarbonato
1/2	cucharadita de canela
·	mantequilla y harina
·	nuez, al gusto

🌹 Remojar los dátiles en agua y machacarlos.

🌹 Incorporar todos los ingredientes secos; agregar los dátiles remojados y molidos, mayonesa, vainilla y agua, en caso necesario.

🌹 Revolver con una cuchara de madera hasta que la pasta se suavice; al final, agregar la nuez picada finamente.

🌹 Engrasar un molde y enharinarlo para que la pasta no se pegue.

🌹 Hornear a 220°C hasta que, al introducir un palillo, éste salga seco.

🌹 Rinde 8 raciones

Receta de María Teresa Noriega Uribe

Dulce de leche

1	litro de leche
1/2	taza de azúcar para el turrón
1/4	taza de azúcar
5	cucharadas de fécula de maíz
1	cucharadita de vainilla
5	rajitas de canela
3	huevos
·	canela molida

🌹 Hervir la leche con canela y colarla.

🌹 Disolver la fécula de maíz en un poco de agua; agregar las yemas de huevo; hervir con la leche y añadir cuatro cucharadas de azúcar.

🌹 Batir las claras de huevo a punto de turrón; agregar azúcar.

🌹 Verter la leche hervida en un recipiente refractario; añadir una cucharadita de vainilla, una capa de turrón y espolvorear la canela molida. Dejar enfriar.

🌹 Rinde 6 raciones

Receta de María Gisela Aguilar de Covarrubias

Budín de camote

750 g	camotes cocidos
300 g	azúcar
100 g	mantequilla
1	taza de leche
2	cucharadas de pan molido
1	cucharadita de vainilla
2	huevos
·	canela molida y pasas

❦ Machacar los camotes.

❦ Agregar las yemas de huevo, azúcar, mantequilla, leche, pan molido, vainilla y, al final, las claras batidas a punto de turrón.

❦ Verter en un recipiente refractario previamente untado con mantequilla y pan molido; meter al horno a que se dore.

❦ Adornar con canela molida y pasas.

❦ Rinde 8 raciones

Receta de Beatriz Elena Badilla Campos

Tamales de piña

1/2 k	azúcar
1/2 k	manteca
700 g	harina para tamales
250 g	nuez pelada50 g harina de trigo
2	latas chicas de mermelada de piña
2	cucharaditas de polvo para hornear
1/2	cucharadita de sal
·	hojas de maíz
·	jugo de frutas, al gusto

❦ Batir la manteca hasta que se blanquee.

❦ Agregar las dos harinas, el polvo para hornear y el jugo de frutas necesario para darle el punto a la pasta; continuar batiendo.

❦ Añadir azúcar y sal; mezclar.

❦ Poner una cucharadita de esta pasta en cada hoja de maíz (previamente remojada y lavada), así como un poco de mermelada de piña y un pedazo de nuez.

❦ Envolver bien los tamales y colocarlos en forma vertical en la vaporera.

❦ Cocerlos durante cuarenta minutos.

❦ Rinde 8 raciones

*Receta de Rosa Montenegro de Niebla
y Verónica Niebla Montenegro*

De Cocina y Algo Más

FESTIVIDADES

LUGAR Y FECHA	CELEBRACIÓN	PLATILLOS REGIONALES
MEXICALI (Capital del Estado) *Octubre 11 al 28*	**Fiestas del Sol** Promover las actividades culturales y deportivas así como la producción artesanal, ganadera y agrícola que se realizan en el estado.	∽ Carne asada, enchiladas, cecina con huevo, arroz con pulpos, langosta al horno, camarones a la plancha, almejas, chile con carne; pescado frito, en caldo o ahumado, quesadillas, caldo de camarón, sopa de aleta de tiburón; ensaladas verdes. ∽ Dulces de caña de azúcar, mermeladas, jaleas, ates y piloncillo. ∽ Damiana, aguardiente, cerveza, tepache, aguas frescas, atoles y café de olla.
ENSENADA *Septiembre 19 y 20*	**Feria Internacional del Pescado y del Marisco** Estimular el consumo e impulsar la exportación y comercialización de productos del mar así como promover el turismo regional.	∽ Sopa de aleta de tiburón, caldo de camarón, pescado en vino verde, parrillada de mariscos, langosta al horno, arroz con pulpos, cecina con huevo, botana de abulón. ∽ Panes de trigo dulces y salados; ates, jaleas, mermeladas, piloncillo y dulces de caña de azúcar. ∽ Aguardiente, atole, café, chocolate, champurrados, vino rojo y blanco, damiana (preparada con alcohol y hierba del mismo nombre).
ENSENADA *(Fecha movible)* *Depende de la Cuaresma*	**Carnaval** Festejo que durante muchos años ha sido uno de los preferidos por los habitantes de ambos lados de la frontera; hay comparsas, combates de flores y carros alegóricos.	∽ Quesadillas, tortas de camarón fresco, botana de abulón; pescado frito, salado, hervido, ahumado y asado; pulpos en su tinta; sopas de almeja y aleta de tiburón; parrillada de mariscos, quesadillas, enchiladas, langostinos en mantequilla, ostiones en su concha, camarones, chile con carne. ∽ Tortillas de harina y pan de trigo, ya sea salado, dulce, apiñonado, almendrado o salpicado de pasas; mermeladas, ates, jaleas, dulces de caña de azúcar y torrejas. ∽ Aguas frescas, chocolate, café con piloncillo, atoles varios y champurrados.
ROSARITO *Junio 15*	**Concurso y Exposición Internacional del Pescado y Marisco** Promover el manejo de diversos productos marítimos y su incorporación a la gastronomía así como fomentar mejores hábitos alimenticios.	∽ Albóndigas de pescado, arroz con pulpos, camarones a la plancha, machaca de atún, parrillada de mariscos, cecina con huevo, langosta al horno, carne asada, enchiladas; pescado frito, en caldo o ahumado; tamales de res o de puerco, chile con carne, almejas, botana de abulón, tortas de camarón fresco, langostinos en mantequilla, sopa de aleta de tiburón, ensaladas verdes, ostiones en su concha. ∽ Pan de trigo (salados y dulces), galletas de pinole, budín de camote, pastel de dátil, empanaditas de frijol dulce, mermeladas, dulces de caña de azúcar, jaleas, ates y piloncillo. ∽ Aguardiente, café de olla, atole, chocolate, aguas frescas, tepache, damiana, vinos rojo y blanco, champurrados.

TECATE
Primer domingo de julio

Fiesta de la Vendimia o La Romería
Festejo muy popular en la región; se organizan desfiles de charros, carros alegóricos, danzas y bailes populares.

↝ Parrillada de mariscos, langostinos en mantequilla, pescados salados y ahumados, ostiones en su concha, camarones a la plancha, arroz con pulpos; sopa de aleta de tiburón; langosta al horno, tortuga de mar.
↝ Panes de trigo (dulces y salados); mermeladas, torrejas y ates.
↝ Aguardiente, tepache, damiana, aguas frescas, atoles, chocolates, café endulzado con piloncillo y vino rojo y blanco.

TIJUANA
Septiembre 16

Fiestas Patrias
Feria con mariachis, serenatas, danzas populares y folklóricas, fuegos artificiales, concursos de trajes regionales y carreras de autos y de caballos.

↝ Carne asada, enchiladas, cecina con huevo, arroz con pulpos, langosta al horno, camarones a la plancha, almejas, chile con carne; pescado frito, en caldo o ahumado; quesadillas, caldo de camarón, sopa de aleta de tiburón, ensaladas verdes.
↝ Dulces de caña de azúcar, mermeladas, jaleas, ates y piloncillo.
↝ Damiana, aguardiente, cerveza, tepache, aguas frescas, atoles y café de olla.

TIJUANA
Diciembre 12

Nuestra Señora de Guadalupe
Festividad en honor a la Santa Patrona de México, durante la cual diversos grupos de los valles de La Rumorosa y de Las Palmas bailan en su honor y exhiben sus trajes regionales, hay jaripeos, fuegos artificiales, rodeos y suertes charras.

↝ Tamales de caguama, quesadillas, tortas de camarón fresco, botana de abulón, tortuga de mar; pescado frito, salado, hervido, ahumado y asado; pulpos en su tinta; sopa de almeja y aleta de tiburón; parrillada de mariscos, quesadillas, enchiladas, langostinos en mantequilla, ostiones en su concha, camarones, chile con carne.
↝ Tortillas de harina y pan de trigo, ya sea salado, dulce, apiñonado, almendrado o salpicado de pasas, mermeladas, ates, jaleas, dulces de caña de azúcar y torrejas.
↝ Aguas frescas, chocolate, café con piloncillo, atoles varios y champurrados.

NUTRIMENTOS Y CALORÍAS

Nutrimento	Menor de 1 año	1-3 años	3-6 años	6-9 años	9-12 años	12-15 años	15-18 años
Proteínas	2.5 g/k	35 g	55 g	65 g	75 g	75 g	85 g
Grasas	3-4 g/k	34 g	53 g	68 g	80 g	95 g	100 g
Carbohidratos	12-14 g/k	125 g	175 g	225 g	350 g	350 g	450 g
Agua	125-150 ml/k	125 ml/k	125 ml/k	100 ml/k	2-3 litros	2-3 litros	2-3 litros
Calcio	800 mg	1 g	1 g	1 g	1 g	1 g	1 g
Hierro	10-15 mg	15 mg	10 mg	12 mg	15 mg	15 mg	12 mg
Fósforo	1.5 g	1.0 g	1.0 g	1.0 g	1.0 g	1.0 g	0.75 g
Yodo	0.002 mg/k	0.002 mg/k	0.002 mg/k	0.002 mg/k	0.02 mg/k	0.1 mg	0.1 mg
Vitamina A	1500 UI	2000 UI	2500 UI	3500 UI	4500 UI	5000 UI	6000 UI
Vitamina B-1	0.4 mg	0.6 mg	0-8 mg	1.0 mg	1.5 mg	1.5 mg	1.5 mg
Vitamina B-2	0.6 mg	0.9 mg	1.4 mg	1.5 mg	1.8 mg	1.8 mg	1.8 mg
Vitamina C	30 mg	40 mg	50 mg	60 mg	70 mg	80 mg	75 mg
Vitamina D	480 UI	400 UI	400 UI	400 UI	400 UI	400 UI	400 UI

REQUERIMIENTOS DIARIOS DE NUTRIMENTOS (ADULTOS)

Proteínas	1	g/k
Grasas	100	g
Carbohidratos	500	g
Agua	2	litros
Calcio	1	g
Hierro	12	mg
Fósforo	0.75	mg
Yodo	0.1	mg
Vitamina A	6 000	UI
Vitamina B-1	1.5	mg
Vitamina B-2	1.8	mg
Vitamina C	75	mg
Vitamina D	400	UI

REQUERIMIENTOS DIARIOS DE CALORÍAS (NIÑOS Y ADULTOS)

		Calorías diarias
Niños	12-14 años	2800 a 3000
	10-12 años	2300 a 2800
	8-10 años	2000 a 2300
	6-8 años	1700 a 2000
	3-6 años	1400 a 1700
	2-3 años	1100 a 1400
	1-2 años	900 a 1100
Adolescentes	Mujer de 14-18 años	2800 a 3000
	Hombres de 14-18 años	3000 a 3400
Mujeres	Trabajo activo	2800 a 3000
	Trabajo doméstico	2600 a 3000
Hombres	Trabajo pesado	3500 a 4500
	Trabajo moderado	3000 a 3500
	Trabajo liviano	2600 a 3000

EQUIVALENCIAS

EQUIVALENCIAS EN MEDIDAS

1	taza de azúcar granulada	250	g
1	taza de azúcar pulverizada	170	g
1	taza de manteca o mantequilla	180	g
1	taza de harina o maizena	120	g
1	taza de pasas o dátiles	150	g
1	taza de nueces	115	g
1	taza de claras	9	claras
1	taza de yemas	14	yemas
1	taza	240	ml

EQUIVALENCIAS EN CUCHARADAS SOPERAS

4	cucharadas de mantequilla sólida	56	g
2	cucharadas de azúcar granulada	25	g
4	cucharadas de harina	30	g
4	cucharadas de café molido	28	g
10	cucharadas de azúcar granulada	125	g
8	cucharadas de azúcar pulverizada	85	g

EQUIVALENCIAS EN MEDIDAS ANTIGUAS

1	cuartillo	2	tazas
1	doble	2	litros
1	onza	28	g
1	libra americana	454	g
1	libra española	460	g
1	pilón	cantidad que se toma con cuatro dedos	

TEMPERATURA DE HORNO EN GRADOS CENTÍGRADOS

Tipo de calor	Grados	Cocimiento
Muy suave	110°	merengues
Suave	170°	pasteles grandes
Moderado	210°	soufflé, galletas
Fuerte	230°-250°	tartaletas, pastelitos
Muy fuerte	250°-300°	hojaldre

TEMPERATURA DE HORNO EN GRADOS FAHRENHEIT

Suave	350°
Moderado	400°
Fuerte	475°
Muy fuerte	550°

GLOSARIO

Achiote. Árbol o arbusto de la familia de las bixáceas, de altura media y flores rojizas. De sus frutos y semillas se preparan pastas colorantes y bebidas refrescantes. Tiene importantes aplicaciones industriales.

Almeja. Nombre común de diversos moluscos bivalvos que viven enterrados en las arenas de aguas poco profundas. De carnes apreciadas, la mayoría de las especies se pesca sobre todo en verano. Famosas son, en la península californiana, la catarina, la pata de mula, la pismo y la chocolata.

Atún. Pez de color negro azulado por encima y gris plateado por debajo; se desplaza en rápidas migraciones y puede alcanzar gran tamaño; su pesca es intensa por la calidad de su carne comestible.

Bellota. Fruto de la encina; se recoge en las zonas serranas entre junio y agosto de cada año.

Burritos (burritas). Tacos hechos con tortillas de harina de trigo, es decir, tortillas de harina enrolladas y con algún relleno.

Caguama. Voz de origen caribe; tortuga marina de gran tamaño (Chelonya mydas), muy estimada por su carne y huevos; semejante a la **golfina** (Lepydochelys olivacea). Se distingue de ésta por el borde córneo de la mandíbula, con fuertes denticiones. Sujetas ambas especies a una cacería irracional, se encuentran en peligro de extinción.

Camote. Planta herbácea de la familia de las convolvuláceas y su tubérculo o bulbo carnoso; éste mide 25 cm aproximadamente, es de color amarillo, morado o blanco y se consume principalmente como dulce, ya sea entero o en pasta.

Colación de Navidad. Dotación de confites que se suele entregar a los niños en las fiestas decembrinas; consiste, por lo general, en pequeños caramelos confitados, a veces rellenos, de formas y colores diversos.

Curry. Voz inglesa para la salsa asiática que se elabora con especias diversas (clavo, jengibre, azafrán, etc.) y se utiliza como condimento de algunos platillos.

Chile ancho. Clásico en la cocina mexicana, forma parte de moles y adobos diversos; de color pardo o rojo oscuro y, por lo general, poco picante, aunque existen numerosas variedades. Fresco y verde es el **chile poblano**.

Chile de California (colorado). Es una especie de chile de climas fríos, corresponde a la variedad "Anaheim", masivamente producida y consumida en California, Estados Unidos. Relativamente picante, se prepara de muchas maneras y también como chile relleno.

Chile cuaresmeño (jalapeño). Es un chile fresco y carnoso, de 4 a 6 cm de largo, verde oscuro o rojo, si más maduro. Picante y ligeramente perfumado; seco y ahumado se convierte en **chipotle** y fresco se prepara por lo general en vinagre, entero o en rajas.

Chile morita (mora, chilaile). Es un chile seco de color rojizo, ligeramente oval, picante y perfumado. Verde es un tipo de **cuaresmeño**, chico.

Chile serrano (verde). Chile fresco de color verde intenso que enrojece al madurar y, seco, adquiere tonos rojo-sepia. Ingrediente indispensable de varias salsas tradicionales es, junto con el **jalapeño**, la variedad más utilizada en la industria de las conservas.

Chipotle (chipocle). Chile seco de color tabaco, oscuro o claro. Es el **jalapeño** o **cuaresmeño** secado y ahumado. Sápido y picoso, ya se preparaba así entre los aztecas.

Damiana. Planta de tallo ramoso, hojas alternas y olorosas, de gran popularidad por sus cualidades medicinales y, según se dice, afrodisiacas. La infusión (té) de sus hojas maceradas se emplea, tradicionalmente, por sus cualidades tónicas.

Dip. Voz inglesa para la salsa o crema espesa confeccionada con ingredientes diversos y sobre varias bases –mayonesa, queso, crema de leche, etc.–, en la que se sumergen galletas o frituras para tomarse como canapés o botanas.

Elote. Mazorca tierna del maíz y granos de esta mazorca cuando se cocinan.

Epazote. Hierba quenopodiácea, medicinal y comestible, tiene tallo ramoso y hojas alternas, olor fuerte y sabor acre. Antihelmíntico reconocido, las hojas con frecuencia se emplean para condimentar algunos platillos.

Fécula de maíz. Almidón del maíz. Se aprovecha con frecuencia, a través de sus presentaciones comerciales, en la elaboración de atoles, postres y otras preparaciones.

Frijol tépari. Frijol blanco pequeño, parecido a la alubia, que se siembra en áreas reducidas.

Guacamole. Ensalada o salsa mexicana preparada con la pulpa del aguacate, molida o picada, a la cual se agrega jitomate, cebolla, cilantro y chile verde finamente picados.

Jícama. Tubérculo en forma de cebolla grande, de unos 15 cm de diámetro, carnoso y con una cubierta fibrosa; de sabor fresco, dulce y acuoso, se consume usualmente crudo, aliñado sólo con sal y polvo de chile o jugo de limón.

Lenguado. Pez marino de organismo aplanado y asimétrico, con pigmento en un solo lado, mismo en el que se encuentran los ojos, mientras que el contrario carece de pigmento y queda en contacto con el fondo en el que se posa. La carne es de exquisito sabor.

Machaca. Carne de res asada y seca al sol en grandes trozos, de los cuales se van cortando pedazos. Estos se golpean para suavizarlos y deshebrarlos. Por extensión, se llama de tal manera a las carnes preparadas de modo semejante.

Morisqueta. Manera de preparar el arroz blanco, cocido con agua y sin sal, que se sirve como acompañamiento de platillos de carne y se acostumbra en muchos guisos orientales, sobre todo chinos.

Nata (natas). La voz se refiere a la película o capa cremosa que se forma en la superficie de la leche que se deja reposar o se enfría, después de hervida.

Pibil. Voz maya; lo que ha sido asado bajo tierra, preparado como barbacoa o en forma análoga.

Pinole. Harina de maíz tostado, frecuentemente endulzada con piloncillo o azúcar y mezclada con canela, cacao, anís, etc. Puede disolverse en agua o algún líquido y tomarse como refresco o como bebida caliente.

Pitaya (pitahaya). Fruto de pitahayo —cactácea de varios géneros y flores vistosísimas— globular, oblongo, macizo, en baya hasta de 10 o 12 cm. de largo, con pulpa suave, acidulada y refrescante. La pitaya californiana y de las tierras altas del norte es de cáscara espinosa y pulpa rojiza que colorea la orina; agridulce como la tuna.

Queso panela. Es una clase de queso fresco (presentado por lo común en pequeñas unidades circulares o cuadradas) que se produce directamente de la leche cuajada.

Sotol. Licor incoloro o ligeramente ambarino, olor peculiar y sabor penetrante, que se obtiene por fermentación del cogollo de un tipo de maguey.

Tesgüino. Bebida de origen tarahumara, huichol, cora. Se prepara a base de la levadura que produce el maíz fermentado. **Tejuino** se llama también a la bebida refrescante elaborada tras una leve fermentación del maíz, con panocha o piloncillo.

Totoaba. Se denomina así, en el noroeste, a un pez del Mar de Cortés (Eriscion macdonaldi) cuyas carnes son delicado comestible. Con su vegija natatoria se prepara una gelatina codiciada entre los pueblos de Oriente.

Totoposte (totopoxtle). Tortilla dorada, de masa fina, con un solo cuerpo, que se toma como galleta y suele acompañar y adornar los frijoles refritos. **Totopos.**

Esta obra fue impresa en el mes de febrero de 2001
en los talleres de Litográfica Ingramex, S.A. de C.V.,
que se localizan en la calle de Centeno 162,
colonia Granjas Esmeralda, en la ciudad de México, D.F.
La encuadernación de los ejemplares se hizo
en los talleres de Dinámica de Acabado Editorial, S.A. de C.V.,
que se localizan en la calle de Centeno 4-B,
colonia Granjas Esmeralda, en la ciudad de México, D.F.